MÉMOIRES

DE NAPOLÉON.

DE L'IMPRIMERIE DE FIRMIN DIDOT,
RUE JACOB, N° 24.

MÉMOIRES

POUR SERVIR

A L'HISTOIRE DE FRANCE,

SOUS NAPOLÉON,

ÉCRITS A SAINTE-HÉLÈNE,

Par les généraux qui ont partagé sa captivité,

ET PUBLIÉS SUR LES MANUSCRITS ENTIÈREMENT CORRIGÉS DE LA MAIN DE NAPOLÉON.

TOME PREMIER,

ÉCRIT PAR LE GÉNÉRAL COMTE DE MONTHOLON.

PARIS,

FIRMIN DIDOT, PÈRE ET FILS, LIBRAIRES,
RUE JACOB, N° 24.

BOSSANGE FRÈRES, LIBRAIRES,
RUE DE SEINE, N° 12.

1823.

MÉLANGES HISTORIQUES.

NOTES.

TOME PREMIER.

DIX-SEPT NOTES

SUR L'OUVRAGE INTITULÉ,

CONSIDÉRATIONS SUR L'ART DE LA GUERRE,

IMPRIMÉ A PARIS, EN 1816.

OBJET DES NOTES.

1re, Organisation et recrutement de l'armée. — 2e, Infanterie. — 3e, Cavalerie. — 4e, Artillerie. — 5e, des Ordres de bataille. — 6e, de la Guerre défensive. — 7e, de la Guerre offensive. — 8e, de la Force des armées sous Napoléon et sous Louis XIV. — 9e, Batailles d'Eylau et d'Iéna. — 10e, Bataille d'Esling. — 11e, Moskow. — 12e, Retraite de Russie et de Saxe. — 13e, Campagne de 1813. — 14e, Bataille du Mont-Saint-Jean. — 15e, Légion-d'honneur. — 16e, Comparaison de la marche de Napoléon, en 1800, à celle d'Annibal, en 218, avant J. C. — 17e, Conclusion.

Cet ouvrage est divisé en quatorze chapitres, formant un volume de six cents pages. L'auteur est étranger au service de l'infanterie, de la cavalerie, de l'artillerie, à celui d'état-major. Il était lieutenant-colonel du génie, en 1809, en Espagne; il y dirigea plusieurs sièges des places, de Catalogne, d'Arragon, de la province de Valence. Le maréchal Suchet le recommanda comme un bon ingénieur; il obtint successivement pour lui le grade de général de brigade, de général de division, et le titre de baron : en 1813, lors de la campagne de Saxe, il fut désigné pour remplir à la grande armée les fonctions de premier ingénieur. Il n'y justifia pas l'opinion qu'avait conçue de lui le maréchal Suchet; il n'avait ni assez d'expérience, ni assez de solidité dans l'esprit : ce qu'il faut surtout au premier ingénieur d'une armée qui doit concevoir, proposer et diriger tous les travaux de son arme; c'est un bon jugement.

Ire NOTE.

Organisation et recrutement de l'armée.

(Page 70.)

« L'usage des armées permanentes, constamment à la disposition du prince, destinées à remplacer des levées temporaires et tumultuaires, s'établit dans toute l'Europe, et l'on soumit les villages à l'obligation de fournir annuellement un certain nombre d'hommes pour les former et les recruter, ces soldats ou miliciens (milites) étaient désignés par la voie du sort sur toute la population. »

(Page 72.)

« De quels moyens bas et odieux les recruteurs ne se servaient-ils pas pour attraper, dans leurs filets, une jeunesse inconsidérée.......

(Page 75.)

« Mais ce mot de conscription effarouche les esprits de la multitude ! Eh bien ! changeons ce mot terrible. Prenons-en un autre, celui de milice, par exemple......

(Page 79.)

« Il se présente une question importante à examiner, c'est de savoir jusqu'à quel âge il est convenable au bien des armées et de l'état, de retenir les soldats sous les drapeaux. Vers l'âge de trente ans, lorsque l'homme a fini son accroissement, ses membres commencent à perdre de leur souplesse, il devient bientôt lourd, pesant.......

(Page 86.)

« Les habitants du nord, engourdis par les frimas, engraissés par la bière, ont le corps gras et lourd, l'humeur patiente et flegmatique, et l'imagination paresseuse. Ceux du midi, animés par la douce chaleur du climat et du vin, ont le corps sec et maigre, mais nerveux, l'imagination vive et l'humeur inconstante..... Les premiers, habitués à une vie dure au milieu de leurs affreux climats, ... soutiennent les travaux et les fatigues de la guerre sans proférer de plaintes; sont impassibles aux coups de la fortune, et obéissent machinalement sans aucune réflexion : mais froids, apathiques et lents, ils soutiennent difficilement les marches rapides, et sont peu propres aux attaques brusques et aux saillies d'audace. Les seconds, vifs et agiles, susceptibles d'enthousiasme et d'élan, marchent rapidement en avant, courent sur l'ennemi, et se précipitent au milieu des périls. Rien de plus redoutable que leur première impulsion ; mais ce premier feu se calme bientôt, un long danger les dégoûte, de longs travaux les impatientent. La vie rude des camps qui ne leur offre aucune des douceurs auxquelles ils sont accoutumés, leur paraît insupportable ; les marches rétrogrades les découragent : si le succès les enflamme, le moindre revers les abat. Indociles et inconstants, ils n'obéissent que difficilement au frein de la discipline.

(Page 83.)

« 3° Les Anglais, le peuple du monde qui a les meilleures « institutions civiles et militaires.... »

1° Les enrôlements forcés ont toujours été en usage dans les républiques comme dans les monarchies, chez les anciens comme chez les modernes. Les paysans étant esclaves en Russie et en Pologne, on y lève des hommes de la même manière qu'on lève des chevaux dans les autres pays. En Allemagne, chaque village a son seigneur qui désigne les recrues, sans considérer ni les droits, ni les convenances de ceux-ci. En France, on a toujours pourvu au recrutement de l'armée par la voie du sort : ce qui s'appelait tirer la milice, sous Louis XIV, Louis XV et Louis XVI; tirer la conscription, sous l'empereur Napoléon. Les classes privilégiées étaient exemptes de tirer à la milice, personne n'était exempt de tirer à la conscription : c'était la milice sans privilège; ce qui la rendait aussi désagréable aux classes privilégiées, que la milice l'était à la masse du peuple. La conscription était le mode le plus juste, le plus doux, le plus avantageux au peuple. Ses lois ont été si perfectionnées sous l'empire, qu'il n'y a rien à y changer, pas même le nom, de peur que ce ne soit un acheminement pour altérer la chose. Les départements qui, depuis 1814, ont été détachés de la France, ont sollicité et obtenu, comme un bienfait, de continuer à être soumis aux lois de la conscription, afin d'éviter l'arbitraire, l'injustice et les vexations des lois autrichiennes et prussiennes sur cette matière. Les provinces illyriennes, depuis long-temps accoutumées au recrutement autrichien, ne cessaient d'admirer les lois de la conscription française; et, depuis qu'ils sont rentrés sous le sceptre de leur ancien souverain, ils ont obtenu qu'elles continuassent à les régir.

Pendant les dix premières années de la révolution, les armées ont été recrutées par la requisition, qui comprenait tous les citoyens de l'âge de dix-huit à vingt-cinq ans. Il n'y avait ni tirage, ni remplacement : les lois de la conscription ne désignaient pour le recrutement de l'armée que les jeunes gens qui entraient dans leur vingtième année : ils n'étaient obligés à servir que cinq ans ; ce qui avait l'avantage de former un plus grand nombre de soldats, qui, dans des moments de crise, se trouvent à portée de défendre le pays : mais cela avait bien des inconvénients. Il serait à propos d'étendre la durée du service à dix ans, c'est-à-dire jusqu'à l'âge de trente ans, sauf à donner des congés, et à renvoyer chez eux, avec l'obligation de rejoindre leurs régiments, en temps de guerre, tous ceux qui, âgés de plus de vingt-cinq ans, auraient servi cinq années révolues. C'est de trente à cinquante ans que l'homme est dans toute sa force, c'est donc l'âge le plus favorable pour la guerre. Il faut encourager par tous les moyens les soldats à rester aux drapeaux ; ce que l'on obtiendra, en faisant une grande estime des vieux soldats, en les distinguant en trois classes, donnant par exemple, cinq sous par jour à la troisième, sept sous six deniers à la deuxième, dix sous à la première, quinze sous aux caporaux, trente sous aux sergents. Il y a une grande injustice à ne pas mieux payer un vétéran qu'une recrue.

Un million d'ames fournit tous les ans 7 à

8,000 conscrits, à peu près un cent trente-cinquième de la population : la moitié est nécessaire pour satisfaire aux besoins de l'administration, de l'église et des arts. Une levée de 3,500 hommes par an, en dix ans, donnerait 30,000, en tenant compte des morts; 15,000 hommes formeraient l'armée de ligne, 15,000 l'armée de réserve. Sur les 15,000 hommes de l'armée de ligne, on en tiendrait 6,000 sous les armes pendant douze mois, 4,000 pendant trois mois, et 5,000 pendant quinze jours; cela équivaudra à 7,000 hommes pour toute l'armée, qui seront soustraits à l'agriculture. Les 15,000 hommes de l'armée de réserve ne seraient en rien distraits de leurs travaux, ni éloignés de leurs foyers.

Napoléon devait, à la paix, composer son armée de 1,200,000, dont 600,000 de l'armée de ligne, 200,000 de l'armée de l'intérieur, 400,000 de l'armée de réserve. Les 600,000 hommes de l'armée de ligne eussent formé : 1° quarante régiments d'infanterie de douze bataillons, chacun de 910 hommes, ayant un escadron d'éclaireurs, de trois cent soixante chevaux de quatre pieds six pouces; une batterie de huit canons, servie par 280 hommes; une compagnie de sapeurs, de 150 hommes; un bataillon d'équipages militaires, de trois compagnies, de vingt-deux voitures, et 210 hommes : total 12,000. 2° Vingt régiments de cavalerie, de 3,600 hommes, savoir : huit de cavalerie légère, six de dragons, six de cuirassiers; chaque régiment de dix escadrons, de 360 hommes partagés en trois compagnies. 3° Dix régiments d'artillerie, formant huit bataillons de 500 hommes; 4° un régiment du génie, de huit bataillons, 4,000 hommes; 5° un régiment d'équipages militaires, de 4,000 hommes : total 300,000 hommes.

L'empire contenait plus de 40 millions de population; il devait être divisé en quarante arrondissements, chacun d'un million. Chaque arrondissement devait être assigné pour recrutement à un régiment d'infanterie. On eût remédié à la crainte de l'esprit de fédéralisme, en ayant soin que les officiers et la moitié des sous-officiers fussent étrangers à l'arrondissement.

L'infanterie d'une armée étant représentée par un, la cavalerie sera un quart; l'artillerie, un huitième; les troupes du génie, un quarantième; les équipages militaires, un trentième; ce qui fera treize trentièmes : mais il suffit que la cavalerie soit le cinquième de l'infanterie de l'état, à cause du pays des montagnes.

L'armée de l'intérieur, de 200,000 hommes,

eût été composée de 200 bataillons d'infanterie, et de 400 compagnies de canonniers destinés, en temps de guerre, à défendre les places fortes et les côtes : cette armée n'eût eu que les officiers d'existants ; les sous-officiers et soldats n'eussent été réunis que le dimanche au chef-lieu de leur commune. Les 400,000 hommes de l'armée de réserve n'eussent existé que sur le papier ; ils eussent seulement été soumis à une revue tous les trois mois, pour certifier leur existence, et rectifier les signalements. Ces 1,200,000 n'eussent ainsi soustrait à l'agriculture que 280,000 hommes.

2° Les Romains, les Grecs, les Espagnols, sont des nations méridionales ; dans leurs siècles de gloire, leurs armées furent patientes, disciplinées, infatigables, jamais découragées. Les Suédois, sous Gustave Adolphe et sous Charles XII ; les Russes, sous Souwarow, étaient agiles, intelligents, impétueux. Les circonstances territoriales du pays, le séjour des plaines ou des montagnes, l'éducation ou la discipline, a plus d'influence que le climat sur le caractère des troupes.

3° Les institutions militaires des Anglais sont vicieuses : 1° ils n'opèrent leur recrutement qu'à prix d'argent, si ce n'est que fréquemment ils vident leurs prisons dans leurs régiments; 2° leur discipline est cruelle; 3° l'espèce de leurs soldats est telle, qu'ils ne peuvent en tirer que des sous-officiers médiocres; ce qui les oblige à multiplier les officiers hors de toute proportion; 4° chacun de leurs bataillons traîne à sa suite des centaines de femmes et d'enfants : aucune armée n'a autant de bagages; 5° les places d'officiers sont vénales : les lieutenances, les compagnies, les bataillons s'achètent; 6° un officier est à la fois major dans l'armée et capitaine dans son régiment : bizarrerie fort contraire à tout esprit militaire.

IIe NOTE.

Infanterie.

(Page 93.)

« 1° Mais le plus grand vice de nos bataillons, c'est de n'avoir qu'une seule espèce d'infanterie. Autrefois nous en avions de deux espèces : les piquiers qui combattaient de pied ferme, et les arquebusiers destinés à tirailler......

(Page 96.)

« Voici de quelle manière je compose mon bataillon, que je nomme cohorte, pour rappeler que j'ai en vue l'organisation romaine. La cohorte, en bataille, n'a d'autre division naturelle que celle des rangs : j'adopte donc cette division consacrée par l'exemple de l'ancienne légion romaine, et je fais, de chaque rang, une compagnie de ligne;

ce qui me donne trois compagnies de ligne par cohorte, puisque nous nous formons en bataille sur trois rangs. La première compagnie, formée de soldats choisis, non pas à la taille, mais parmi les plus braves, les plus instruits et les plus aguerris, formera le premier rang, qui est le plus exposé, et qui doit servir d'exemple aux autres : je lui conserve le beau nom de grenadiers, illustré par tant d'exploits, et qui rappelle des souvenirs si glorieux. La seconde compagnie, formée par un deuxième choix, sera placée au troisième rang; et enfin la troisième compagnie, composée de soldats les plus novices et les moins braves, encadrée au deuxième rang, entre deux rangs d'élite, sera contrainte de faire son devoir......

(Page 99.)

« Outre ces trois compagnies de ligne, nous organiserons une quatrième compagnie de troupe légère, à laquelle nous conserverons le titre de voltigeurs, qui désigne fort bien le genre de leur service ; car il est certain qu'il faut créer deux espèces d'infanterie : l'une formant des masses ou des lignes, pour soutenir le choc et l'effort de la bataille, et renverser l'ennemi ; et l'autre, pour le reconnaître, le harceler et le poursuivre : c'est une vérité incontestable pour quiconque a fait la guerre.....

(Page 166.)

« L'éducation des troupes légères et celle des troupes de ligne ne doivent pas plus se ressembler que leurs services. A quoi bon enseigner aux voltigeurs des mouvements graves et réguliers, et des mouvements de ligne, s'ils ne doivent jamais être en ligne, ni en faire usage ? exerçons-les plutôt à courir, à sauter, à nager, à franchir tous les obstacles, à se couvrir de tous les accidents du terrain, à se disperser en avant des lignes; à se rallier, à toutes jambes, pour se pelotonner contre la cavalerie; à se mêler et à combattre avec nos cavaliers légionnaires; à sauter en croupe derrière eux, et surtout à tirer, avec beaucoup d'adresse, dans toutes sortes de positions : voilà l'éducation qui convient à la nature de leur service......

(Page 168.)

« Les voltigeurs sont destinés à combattre et à marcher isolément; il est donc inutile de leur donner un pas uniforme, et de leur enseigner à manœuvrer avec régularité et ensemble, comme les troupes de ligne. Il suffit de les habituer à se réunir rapidement, en cercle, contre la cavalerie, et à se rallier derrière les lignes. Ils doivent, dans le premier cas, se rassembler au pas de course, se pelotonner tumultuairement autour de leurs officiers, et former un cercle plein, qui présente des feux et des baïonnettes de tous côtés : c'est la manière la plus prompte et peut-être la meilleure de former une petite troupe contre la cavalerie......

(Page 200.)

« Une partie des voltigeurs de la première ligne sera dispersée en avant du front des cohortes. Le nombre de ces tirailleurs doit être proportionné à l'étendue de la ligne, à raison de trois ou quatre pieds par homme, espace nécessaire pour qu'ils puissent agir librement. Ce service n'emploiera guère qu'une demi-compagnie par cohorte; les autres voltigeurs se pelotonneront derrière la cohorte, ou resteront en reserve, prêts à succéder aux premiers tirailleurs, auxquels le repos devient nécessaire après deux ou trois heures de ce métier fatigant et périlleux. C'est cette réserve de voltigeurs qu'on emploiera à ramasser les

blessés de la ligne, pour les transporter aux ambulances ;
à aller chercher des suppléments de cartouches, au parc,
et enfin à tous les offices qui forcent à quitter les drapeaux : de sorte que les soldats de ligne, n'ayant plus
aucun prétexte de quitter leurs rangs, s'habitueront à ne
jamais les abandonner, et à rester inébranlables à leur
poste : ce sera le moyen de conserver les lignes garnies et
sans brèche. Les voltigeurs de la deuxième ligne se pelotonneront, à droite et à gauche de leurs cohortes en colonne ; ou bien, lorsque les colonnes formeront des carrés, on les placera aux quatre angles, dans les positions
que les faces laissent dégarnies de feu......

(Page 212.)

« Les tirailleurs peuvent être de la plus grande utilité
pour favoriser les approches des lignes ennemies, et détourner ou troubler leur feu : ils ne doivent pas craindre de
courir à deux ou trois cents toises, en avant, pour s'établir
à leur portée, et les désoler à coups de fusils, d'autant
plus sûrement, qu'elles ne pourront pas se venger ; car,
avec un peu d'intelligence et d'habitude, ils se mettent tous
à couvert : les uns se tapissent au fond d'un fossé, les
autres se couchent dans un sillon ; ceux-ci se cachent derrière les arbres, ceux-là s'embusquent au milieu des haies
et des bouquets de bois......

(Page 214.)

« Et l'ennemi lancera sans doute sa cavalerie, pour
éloigner et châtier ces tirailleurs importuns ; mais nos voltigeurs savent s'en garantir : ils se rallient à toutes jambes,
se pelotonnent et forment différents petits globes de feu,
d'autant plus difficiles à aborder, que chaque soldat, armé
d'un fusil double, a deux coups à tirer......

(Page 123.)

« Notre tactique subdivise, de plus, les rangs en compagnies d'une cohorte, en huit et en seize parties; ce qui fixe à huit et à seize, le nombre des sergents et des caporaux nécessaires pour commander ces sections : les mêmes sous-officiers seront toujours chargés du commandement des mêmes sections, afin d'intéresser leur amour-propre à soigner l'instruction et la discipline des soldats, sous leurs ordres......

(Page 193.)

« 2° D'après mon organisation légionnaire, que je prie le lecteur de se rappeler : les grenadiers forment le premier rang; la troisième compagnie, le second ; et la deuxième compagnie, le troisième. Les trois capitaines se placeront chacun à la droite de leurs compagnies ou de leurs rangs; les trois lieutenants occuperont des places semblables à la gauche : la cohorte se trouvera ainsi encadrée entre ces six officiers qui préviendront et empêcheront, par leur présence immédiate, les flottements et le désordre qui, dans les moments critiques, commencent ordinairement par les flancs, les parties faibles de tout cadre de bataille. Ils se trouveront placés sur la même ligne que leurs soldats, qu'ils animeront et encourageront par leur exemple. Les six sous-lieutenants se placeront, à égale distance, derrière la cohorte, pour maintenir l'ordre, et empêcher qu'aucun soldat ne quitte son poste. Les sergents et les caporaux prendront place, chacun à la droite de leur section......

(Page 169.)

« On exercera les voltigeurs à se mêler à la cavalerie légère, et à combattre avec elle. Nous formerons nos voltigeurs en pelotons de la force de nos escadrons légionnaires, de soixante-seize hommes ; chaque peloton sera attaché à un escadron qu'il accompagnera, au pas de course, dans tous ses mouvements, afin de forcer ou de défendre les défilés. Ces deux armes se protégeront entre elles, et chacune recherchera la nature du terrain qui lui est le plus favorable pour le combat ; mais sans cesser de rester à portée de se soutenir mutuellement. Le voltigeur doit s'exercer à sauter en croupe derrière son cavalier, afin que les pelotons d'infanterie puissent se transporter, d'un endroit à l'autre, aussi vite que la cavalerie. On l'habituerait à passer son fusil en bandoulière sur son dos, et à sauter derrière le cavalier, en appuyant légèrement les mains sur la croupe du cheval...... La plupart de ces exercices supposent que les voltigeurs ne portent pas de sac : ce fardeau leur ôterait leur légèreté et leur souplesse, et nuirait sans cesse à la rapidité de leurs mouvements. Je voudrais qu'on chargeât leurs sacs sur des chevaux de bât, à la suite de chaque cohorte : il en faudrait neuf par cohorte......

(Page 310.)

« Nous formons notre avant-garde de cavaliers légionnaires, des quatre légions du corps d'armée, avec un nombre égal de voltigeurs......

(Page 121.)

« 3° Je ne dirai qu'un mot des instruments militaires, et ce sera pour tâcher de faire proscrire le tambour, instrument barbare, qui, par ses sons monotones et désagréables, assourdit et fatigue l'oreille la moins sensible......

(Page 146.)

« Ce défaut d'armes défensives est très-funeste à nos

fantassins ; tous les coups qui les frappent, de quelque loin qu'ils viennent, les mettent hors de combat; ils sont blessés par les plus légères atteintes......

(Page 148.)

« Leur poids n'excédera pas huit ou neuf livres......

(Page 150.)

« Les voltigeurs ont moins besoin de cuirasse que les troupes de ligne, parce qu'ils ne sont point destinés à combattre de pied ferme, et à en venir aux mains avec l'ennemi ; ils ne se battent que de loin......

(Page 123.)

« Les officiers de la compagnie, à l'exception du commandant, seront tour-à-tour chargés et responsables des détails qui font maintenant le partage exclusif de nos sergents-majors. On réprimera, de cette manière, les friponneries des sous-officiers......

(Page 262.)

« Qu'il me soit permis, en terminant ce chapitre, de réclamer contre un usage très-pernicieux à la santé et à la conservation des troupes, introduit parmi nous par la guerre de la révolution ; c'est de faire camper le soldat sans tente : c'est une des principales causes de cette affreuse consommation d'hommes qui s'est faite dans le cours de nos dernières guerres, où l'on peut calculer, terme moyen, que les fantassins ne durent pas plus de deux campagnes. Nos malheureux soldats, après avoir fait une marche pénible dans la boue, par un temps de pluie, arrivent souvent, au milieu de la nuit, sur un terrain détrempé d'eau, qui ne leur offre aucun abri. Ils n'ont ni le temps, ni les matériaux nécessaires pour se faire des baraques : ils passent la nuit sous un ciel froid et pluvieux, sans pouvoir fermer l'œil; et, après avoir traîné, pendant quelque temps, une existence pénible, dont tous les instants sont marqués par les souffrances que leur fait éprouver une humidité continuelle, leur corps s'affaiblit, ils tombent malades et périssent misérablement...... »

1º Les Romains avaient deux sortes d'infanterie : la première armée à la légère, était munie d'une arme de jet ; la seconde pesamment armée, portait une courte épée. Après l'invention de la poudre, on conserva encore deux espèces d'infanterie : les arquebusiers qui étaient les armés à la legère, destinés à éclairer et inquiéter l'ennemi; les piquiers qui tenaient lieu des pesamment armés. Depuis cent cinquante ans que Vauban a fait disparaître de toutes les armées de l'Europe les lances et les piques, en y substituant le fusil avec la baïonnette, toute l'infanterie a été armée à la legère; elle a été destinée à éclairer, à contenir l'ennemi. Il n'y a plus eu qu'une seule espèce d'infanterie : s'il y eut par bataillon une compagnie de chasseurs, c'était par opposition à la compagnie de grenadiers, le bataillon était composé de neuf compagnies ; une seule d'élite ne paraissait pas suffisante. Si l'empereur Napoléon créa des compagnies de voltigeurs armés de fusils de dragons, ce fut pour tenir lieu de ces compagnies de chasseurs : il les composa d'hommes de moins de cinq pieds de haut, afin d'utiliser la classe de la conscription de quatre pieds dix pouces à cinq pieds, et qui jusque alors avait été exempte; ce qui rendait le fardeau de la conscription plus lourd pour les autres classes. Cette création récompensa un grand nombre de vieux soldats qui, ayant moins de cinq pieds de haut, ne pouvaient entrer dans les compagnies de grenadiers; et qui, par leur bravoure, méritaient d'entrer dans une compagnie d'élite : ce fut un moyen puissant pour l'émulation que de mettre en présence les pygmées et les géants. S'il eût eu dans ses armées des hommes de diverses couleurs, il eût composé des compagnies de noirs et de blancs; dans un pays où il y aurait des cyclopes, des bossus, on tirerait un bon parti de compagnies composées de cyclopes et d'autres de bossus.

En 1789, l'armée française se composait de régiments de ligne et de bataillons de chasseurs : les chasseurs des Cévennes, du Vivarais, des Alpes, de Corse, des Pyrénées, qui, à la révolution, formèrent des demi-brigades d'infanterie legère; mais la prétention n'était pas d'avoir deux infanteries différentes, puisqu'elles étaient élevées de même, instruites de même, armées de même; seulement les bataillons de chasseurs étaient recrutés par des hommes de pays de montagnes, ou par des fils de garde-chasse; ce qui les rendait plus propres à être employés sur les frontières des Alpes et des Pyrénées : et lorsqu'ils étaient aux armées du nord, on les détachait de préférence pour grimper sur une hauteur ou fouiller une forêt: ces hommes, lorsqu'ils se trouvaient en ligne un jour de bataille, tenaient fort bien la place d'un bataillon de ligne, puisqu'ils avaient la même instruction, le même armement, la même éducation. Les puissances lèvent souvent, en temps de guerre, des corps irréguliers, sous le titre de bataillons francs ou de légion, recrutés de déserteurs étrangers, ou formés d'individus d'un esprit ou d'une opinion particulière; mais cela ne constitue pas deux espèces d'infanterie. Il n'y en a et ne peut y en avoir qu'une. Si les singes de l'antiquité veulent imiter les Romains, ce n'est pas des armés à la légère qu'ils doivent créer, mais des pesamment armés ou des bataillons armés d'épées; car toute l'infanterie de l'Europe fait le service de troupes légères.

S'il était possible que l'infanterie n'envoyât en tirailleurs que ses voltigeurs, elle perdrait l'usage du feu : il se passerait des campagnes entières sans qu'elle tirât un coup de fusil; mais cela n'est pas possible. Quand la compagnie de voltigeurs sera détachée à l'avant-garde, aux bagages, en flanqueurs, les quatre compagnies du bataillon renonceront donc à s'éclairer? elles laisseront donc arriver les balles des tirailleurs ennemis jusqu'au milieu de leurs rangs? Lorsqu'une compagnie du bataillon sera détachée, elle devra donc renoncer à se faire éclairer, ou bien elle devra être suivie par une escouade de la compagnie de voltigeurs? Cette compagnie de voltigeurs n'est que le quart du bataillon, elle ne pourrait pas suffire au besoin des tirailleurs un jour de bataille; elle ne suffirait pas davantage, si elle était la moitié de son effectif, pas même si elle était les trois quarts. Une ligne, dans une journée importante, passe tout entière aux tirailleurs, quelquefois même deux fois : il faut relever les tirailleurs toutes les deux heures, parce qu'ils sont fatigués, parce que leurs fusils se dérangent et s'encrassent.

Quoi! les voltigeurs n'ont besoin d'aucun ordre, d'aucune tactique, pas même de savoir marcher en bataille? ils ne seront donc jamais obligés de faire un changement de front, de se ployer en colonne, de faire une retraite en échiquier? Non : il suffit qu'ils *sachent courir*, *se servir de leurs jambes pour se soustraire aux charges de cavalerie.* Comment alors prétendre les réunir pour en former l'avant-garde de l'armée? comment vouloir qu'ils s'éloignent à trois cents toises de la ligne, entremêlés avec des pelotons de cavalerie légionnaire? Il n'est pas nécessaire d'apprendre aux soldats à courir, à sauter, à se cacher derrière un arbre; mais il faut les accoutumer, lorsqu'ils sont éloignés de leurs chefs, à conserver leur sang-froid, à ne pas se laisser dominer par une vaine épouvante; se tenir toujours à portée les uns des autres, de manière qu'ils se flanquent entre eux, se réunissent au petit pas quatre à quatre, avant que les tirailleurs de cavalerie n'aient pu les sabrer; qu'ils se pelotonnent huit à huit, seize à seize, avant que l'escadron n'ait pu les charger; et rejoignent ainsi, sans précipitation, faisant souvent volte face, la réserve où se trouve le capitaine, qui, avec le tiers de ses tirailleurs, rangés en bataille, reste à portée de fusil. La compagnie ainsi réunie doit former le bataillon carré, ou faire un changement de front, ou commencer sa retraite, se retournant, lorsqu'elle est trop pressée, au commandement, *demi-tour à droite, commencez le feu ;* à un coup de baguette, recommencer la retraite et rejoindre ainsi le chef de bataillon, qui lui-même est resté en réserve avec le tiers de ses hommes. Alors le bataillon se met en colonne, à distance de peloton, et marche ainsi en retraite. Au commandement, *halte, peloton, à droite et à gauche en bataille, feu de deux rangs*, il forme le bataillon carré et repousse la charge de la cavalerie; au commandement, *continuez la retraite*, il rompt le carré, forme les divisions, etc., ou bien il exécute avec sang-froid une retraite en échiquier, sur la position indiquée, soit en refusant la droite, soit en refusant la gauche. Voilà ce qu'il faut apprendre aux voltigeurs; et s'il pouvait y avoir deux espèces d'infanterie, l'une pour servir en tirailleurs, l'autre pour rester en ligne, il faudrait choisir les plus instruits pour aller en tirailleurs. En effet, les compagnies de volontaires, qui vont plus souvent en tirailleurs que les autres, sont celles qui manœuvrent le mieux de l'armée, parce que ce sont celles qui en ont senti plus souvent le besoin. C'est avoir bien mal lu les auteurs grecs et latins que de faire de pareilles applications : il aurait mieux valu passer ce temps à conférer avec un caporal de voltigeurs, ou un vieux sergent de grenadiers; ils eussent donné des idées plus saines.

2° Jusqu'à présent, un bataillon composé de plus ou moins de compagnies, a été placé en bataille, de manière à avoir un commandant à la droite, un ou plusieurs au centre, et un à la gauche; à ce qu'un capitaine eût toujours sous ses ordres ses mêmes officiers, ses mêmes sergents, et ceux-ci les mêmes caporaux, les mêmes soldats. Il n'était pas possible que l'on supposât qu'un jour l'on proposerait sérieusement de ranger en bataille une compagnie sur un rang, de sorte qu'elle s'étendît sur un front de soixante toises, son capitaine à la droite, son lieutenant à la gauche; de placer derrière les troisième et deuxième compagnies et en serre-files les six sous-lieutenants. Les trois capitaines du bataillon, rangés l'un derrière l'autre, seront tués par un coup de canon, les trois lieutenants le seront par le deuxième coup, le capitaine placé à la droite pourra-t-il se faire entendre à la gauche, lorsque le chef de bataillon qui est placé au centre le fait à peine? Comment les soldats reconnaîtront-ils la voix de leur capitaine, puisque les trois capitaines seront placés au même point? Mais cela rendra plus facile les feux de rang. Non : ces feux se feront bien plus facilement à la voix du chef de bataillon, puisqu'il est au centre. Il pourra arriver que le capitaine de la première compagnie commandera, *En avant*; celui de la troisième, *Fixe*; celui de la deuxième, *Demi-tour à droite!* Au commandement de *Division à droite*, le bataillon se divisera donc en trois lignes, qui chacune contiendra des officiers, des sous-officiers, des caporaux, des soldats des trois compagnies : au commandement de *Peloton à droite*, on aura donc dans les six lignes des officiers, des sous-officiers, des soldats des trois compagnies. Si une compagnie est détachée, elle se mettra donc en bataille sur une ligne, et le reste du bataillon sur deux lignes? Quelle cacophonie! Quelle ignorance de l'école de peloton! et c'est un officier-général français qui prostitue ainsi son uniforme à la risée de l'Europe! Comment le prote qui a imprimé son ouvrage ne le lui a-t-il pas fait observer? car enfin ce prote avait fait probablement la guerre, ou du moins il avait servi dans la garde nationale.

3° 3,000 voltigeurs seront à l'avant-garde, sans être organisés en bataillon; chaque peloton pour son compte; chaque capitaine serait général en chef. Mais, en effet, comment pourraient-ils être organisés en bataillons, puisqu'ils ne doivent ni savoir manœuvrer, ni connaître la tactique; que chaque compagnie doit être attachée à la compagnie de cavalerie légère, qui doit la prendre en croupe. Oh! vraiment on a raison de vouloir leur apprendre à courir; ils en auront besoin, s'ils ne sont pas pris ou tués dès le premier jour. Si un peloton de 50 hommes ne peut pas faire la guerre avec avantage sans être instruit, cette nécessité est bien plus grande pour un bataillon, et elle s'accroît en raison des cubes pour une brigade de 3,000 hommes. Mais opposez ces 3,000 voltigeurs instruits, bons manœuvriers, organisés en bataillons, ce mélange avec la cavalerie ne produira aucun bon résultat; il entraînera la ruine de la cavalerie et de l'infanterie. Comment la cavalerie légère pourrait-elle manœuvrer ayant en croupe un voltigeur? comment pourrait-elle faire une résistance sérieuse, si elle n'est pas soutenue par la cavalerie de ligne? Le métier des arrière-gardes et des avant-gardes à la guerre est de manœuvrer toute la journée. La cavalerie pourrait sans doute, en se sacrifiant, transporter un homme en croupe dans une position intérieure, afin que le fantassin arrivât plus vîte; mais vouloir le faire marcher ainsi à l'avant-garde, ou à l'arrière-garde, c'est n'avoir pas la plus légère notion du service de ces armes; c'est n'avoir jamais passé une journée à l'avant-garde : si cela était avantageux, toutes les nations, tous les grands capitaines l'eussent fait.

4° Le tambour imite le bruit du canon : c'est le meilleur de tous les instruments; il ne détonne jamais....... Les armes défensives sont insuffisantes pour parer le boulet, la mitraille et les balles; non-seulement elles sont inutiles, mais elles ont l'inconvénient de rendre les blessures plus dangereuses. Les arcs des Parthes étaient très-grands; maniés par des hommes exercés et robustes, ils lançaient les flèches avec une telle force, qu'ils perçaient les boucliers des Romains; les vieilles légions en étaient déconcertées : ce fut une des causes de la défaite de Crassus.

Les tirailleurs auraient plus besoin d'armes défensives que tous les autres, parce qu'ils s'approchent plus souvent de l'ennemi, et sont plus exposés à être sabrés par la cavalerie; mais il ne faut pas les surcharger; ils ne sauraient être trop mobiles. Ainsi, quand même les armes défensives seraient utiles à l'infanterie en ligne, on ne pourrait pas lui en donner, puisque tous les hommes d'un bataillon font nécessairement le service de tirailleurs.

Il n'est pas un cadet sortant de l'école qui n'ait eu l'idée d'armer les tirailleurs avec des fusils à deux coups; il ne leur a suffi que l'expérience d'une campagne pour sentir tous les inconvénients qui en résulteraient pour l'usage de la guerre.

Il est cinq choses qu'il ne faut jamais séparer

du soldat : son fusil, ses cartouches, son sac, ses vivres pour au moins quatre jours, et son outil de pionnier ; qu'on réduise ce sac au moindre volume possible ; qu'il n'y ait qu'une chemise, une paire de souliers, un col, un mouchoir, un briquet, fort bien ; mais qu'il l'ait toujours avec lui ; car, s'il s'en sépare une fois, il ne le reverra plus. La théorie n'est pas la pratique de la guerre. C'était un usage, dans l'armée russe, qu'au moment de se battre, le soldat mît son sac à terre : où sont les avantages attachés à cette méthode ? les rangs pouvaient se serrer davantage ; les feux du troisième rang pouvaient devenir utiles, les hommes étaient plus lestes, plus libres, moins fatigués ; la crainte de perdre son sac, où le soldat a l'habitude de mettre tout son avoir, était propre à l'attacher à sa position. A Austerlitz, tous les sacs de l'armée russe furent trouvés rangés en bataille sur la hauteur de Posoritz ; ils y avaient été abandonnés lors de la déroute. Malgré toutes les raisons spécieuses qu'on pourrait alléguer pour cet usage, l'expérience l'a fait abandonner aux Russes, les neuf chevaux de bât seraient mieux employés à porter des caisses d'ambulances, des cartouches et des vivres.

Les officiers des compagnies se dégraderaient,

s'ils se mêlaient des détails du décompte du soldat ; ils deviendraient des sous-officiers : le sergent-major est propre à ce service. Est-il donc impossible de trouver un sergent-major, honnête homme ? Mais si l'officier abusait, à qui le soldat aurait-il recours ? quelle ne serait pas la répugnance d'un capitaine de recevoir des réclamations d'un soldat contre son lieutenant, qui fait sa société, avec qui il mange, et dont il est l'égal : nous voulons croire qu'aucun officier ne serait assez vil pour abuser de l'ignorance du soldat. Mais celui-ci, qui, de sa nature, est soupçonneux, en aurait-il moins de méfiance ? et l'opinion de profond respect, que la discipline militaire exige qu'il ait pour son officier, n'en serait-elle pas altérée ?

Les tentes ne sont point saines ; il vaut mieux que le soldat bivouaque, parce qu'il dort les pieds au feu, qu'il s'abrite du vent avec quelques planches ou un peu de paille ; que le voisinage du feu sèche promptement le terrain sur lequel il se couche. La tente est nécessaire pour les chefs qui ont besoin de lire, de consulter la carte. Il en faut donner aux chefs de bataillon, aux colonels, aux généraux, et leur ordonner de ne jamais coucher dans une maison ; abus si funeste, et auquel sont dues tant de catastrophes. A l'exemple des Français, toutes les nations de l'Europe ont abandonné les tentes ; et si elles sont encore en usage dans les camps de plaisance, c'est qu'elles sont économiques, qu'elles ménagent les forêts, les toits de chaume et les villages. L'ombre d'un arbre contre le soleil et la chaleur, le plus chétif abri contre la pluie, sont préférables à la tente. Le transport des tentes employerait cinq chevaux par bataillon, qui seraient mieux employés à porter des vivres. Les tentes sont un sujet d'observation pour les affidés et pour les officiers d'état-major de l'ennemi : elles leur donnent des renseignements sur votre nombre et la position que vous occupez ; cet inconvénient est de tous les jours, de tous les instants. Une armée rangée sur deux ou trois lignes de bivouac, ne laisse apercevoir, au loin, qu'une fumée que l'ennemi confond avec les brouillards de l'atmosphère. Il est impossible de compter le nombre des feux ; il est très-facile de compter le nombre des tentes, et de dessiner les positions qu'elles occupent.

IIIe NOTE.

Cavalerie.

(Page 112.)

« C'est en vain qu'on a voulu subvenir au besoin de l'infanterie, par des corps de cavalerie indépendants de ses

généraux : une funeste expérience n'a que trop souvent démontré les vices de cette méthode : la rivalité et les jalousies des deux armes empêchent qu'elles ne se soutiennent et ne s'aident à propos....... Il n'existe qu'un moyen de leur échapper, c'est d'attacher la cavalerie aux légions.
— Le genre de service de la cavalerie légionnaire, qui consiste à éclairer, reconnaître, poursuivre, tendre des embûches, exige beaucoup de célérité et peu d'ordre : ces cavaliers doivent s'étendre, se disperser, se glisser partout, tout voir, tout observer, s'habituer aux combats particuliers, et compter sur la vîtesse de leurs chevaux, soit pour atteindre, soit pour échapper : ils feraient fort mal leur métier, si on les accoutumait à rester réunis ; en un mot c'est la cavalerie légère, et non pas la cavalerie de ligne, qui doit faire partie de la légion.......

(Page 171.)

« J'ai déjà dit que les cavaliers légionnaires doivent faire le service des troupes légères ; ainsi l'ordre, l'ensemble, la régularité, ne leur conviennent pas mieux qu'à nos voltigeurs. Leur éducation ne doit pas ressembler à celle de nos hussards et de nos chasseurs, que nous gâtons et que nous dénaturons par des manœuvres de ligne. En effet, si nous les habituons à se réunir et à escadronner avec ordre, comment pourrons-nous obtenir d'eux qu'ils éclairent, qu'ils reconnaissent et qu'ils fouillent un pays ; qu'ils observent et qu'ils épient les mouvements de l'ennemi ; qu'ils se glissent sur ses derrières, et inquiètent ses convois ; qu'ils tendent des embûches, poursuivent les fuyards et fassent des prisonniers ; qu'ils masquent et couvrent la marche de nos colonnes, et qu'ils remplissent, en un mot, tous les autres devoirs des troupes légères, dont ils ne peuvent s'acquitter, qu'en se dispersant et en

combattant isolément. D'ailleurs, que gagnerons-nous à
ralentir et à enchaîner la rapidité et la vivacité de la cavalerie légère, par l'ordre et la régularité ? Quel avantage
trouverions-nous à la faire charger en ligne ? en deviendrait-elle plus redoutable à l'ennemi ? Je ne le crois pas ;
et des exemples anciens et modernes se pressent en foule
pour soutenir mon opinion. Mais, sans remonter jusqu'aux Numides et aux Parthes, ces bandes de cavaliers
irréguliers et désordonnés, si célèbres chez les anciens,
je me contenterai de citer les Spahis turcs et les Mamelucks, qui passent pour les premiers cavaliers du monde,
sans connaître d'autre manœuvre que celle de se pelotonner tumultuairement, et de charger en désordre et à
bride abattue. J'en appelle aux Français qui ont appris à
connaître, en Égypte, la valeur des Mamelucks ; nos escadrons européens, avec leurs mouvements compassés et
leurs charges en ligne, brillaient-ils devant cette milice désordonnée ? Pouvaient-ils lui résister un instant ? N'étaient-
ils pas rompus et taillés en pièces par les Mamelucks qui
semblaient courir plutôt à des exercices qu'à des combats,
tant ils trouvaient peu de dangers à ces sortes de charges.
Quant aux fantassins français, s'ils parvinrent à braver
des cavaliers aussi courageux et aussi adroits, au milieu
des plaines rases de l'Égypte, c'est une preuve irrécusable de l'impuissance de la cavalerie, quelque bonne
qu'elle soit, contre de la bonne infanterie. — Les hussards
qui forment la cavalerie légère des Autrichiens, ne furent,
dans l'origine, que des bandes irrégulières de paysans
hongrois, sans solde, sans discipline, faisant la guerre
par l'appât du butin : ils se dispersaient au loin, se glissaient partout, et combattaient toujours isolément ; ils
suivaient les sentiers les moins pratiqués, ils pénétraient
jusqu'au milieu des camps, dans l'ombre et le silence de

la nuit; ils se glissaient sur les flancs et sur les derrières des colonnes; ils surprenaient les parcs, les convois et les postes isolés; et enfin ils observaient tous les mouvements de l'ennemi, en se tenant tapis, le jour, dans les bois et les fourrées. Cette espèce de milice se rendit assez redoutable, pour que la plupart des nations de l'Europe cherchassent à l'imiter; mais bientôt on voulut régulariser ces bandes: on en forma des régiments brillants, exercés à toutes les manœuvres de ligne; et, dès lors, les hussards perdirent presque toutes les qualités qui les avaient rendus si précieux. Les Cosaques, cette excellente cavalerie légère des Russes, sont aujourd'hui ce qu'étaient autrefois les hussards hongrois; mais si, sous prétexte de les régulariser, on veut les astreindre à l'ensemble et aux mouvements réguliers des troupes de ligne, ils perdront presque toutes leurs qualités actuelles, et ne pourront que devenir de la cavalerie de ligne fort médiocre. — Concluons, de tous ces exemples, que les mouvements méthodiques et les manières régulières ne sont pas indispensables à la cavalerie, en général, et qu'ils sont même nuisibles à la cavalerie légère, dont ils gênent la rapidité et contrarient le service. Il n'en est pas de la cavalerie comme de l'infanterie: celle-ci n'a de force et de valeur, que par l'ordre, la discipline, et l'ensemble; l'autre peut agir confusément et tumultuairement, pourvu qu'elle agisse avec rapidité: il n'est pas, jusqu'à son désordre même, dont elle ne tire parti dans le combat, pour envelopper l'ennemi, le menacer dans tous les sens, se multiplier à ses yeux, l'éblouir par la rapidité et la variété de ses caracoles; enfin, ébranler son imagination et le frapper de terreur......

(Page 176.)

« La cavalerie de ligne des Français, avec ses gros che-

vaux de trait, surchargés de selles énormes, est sans doute trop lente et trop lourde, quoiqu'en disent quelques officiers de cavalerie. Ils s'imaginent que si l'on donnait à leurs escadrons des chevaux plus légers, ils ne pourraient plus choquer les lignes ennemies, avec la même force; mais ils se trompent, car le choc des corps étant, en raison de la masse multipliée par la vîtesse, il s'en suit qu'on peut gagner, par la vîtesse d'un cheval, ce qu'on perd de sa masse......
(Page 201.)

« Dix pelotons de la cavalerie légionnaire couvriront les flancs de l'infanterie, à hauteur de la deuxième ligne, où ils pourront veiller à la sûreté des flancs, sans se trouver exposés aux feux des petites armes. (*La deuxième ligne est éloignée de cent cinquante toises de la première.*)

(Page 213.)

« Cette proportion d'un onzième semble suffisante pour remplir l'objet de la cavalerie légionnaire ou légère : il paraît inutile de multiplier, au delà du strict nécessaire, une espèce de troupe dont l'influence est presque nulle pour gagner des batailles. Ainsi nous comprendrons, dans l'organisation de la légion, un corps de cavalerie de sept cent soixante chevaux : il sera divisé en deux parties que nous nommerons *ailes*, comme les Romains, pour désigner qu'elles sont destinées à voltiger sur les flancs de l'infanterie, afin de les protéger : chaque aile sera subdivisée en cinq pelotons de soixante-seize chevaux, auxquels leur petitesse permettra de se mouvoir avec beaucoup de rapidité, de vivacité et de légèreté, avantages que ne pourraient avoir de gros escadrons. D'ailleurs, le nombre de pelotons, égal à celui des cohortes, permettra d'en détacher à chaque cohorte isolée......

(Page 125.)

« A ce nombre il faut ajouter deux chefs d'aile de cavalerie, revêtus du grade de chef d'escadron, dix capitaines et autant de lieutenants, pour commander les dix pelotons de cavalerie légionnaire. On choisira pour la cavalerie, les officiers de la légion les plus lestes et les plus vifs : car le service de la cavalerie s'accommode très-bien à ces officiers vifs, impétueux, passionnés, qui ne doutent de rien, parce qu'ils ne calculent rien. Il faut que la fougue de leur tempérament les emporte sans cesse sur l'ennemi, pour avoir de ses nouvelles, et qu'ils percent souvent le rideau de troupes légères, dont ils cherchent à masquer leurs mouvements......

(Page 229.)

« La cavalerie est destinée à jouer deux rôles bien différents : elle doit, dans les marches, se disperser pour parcourir le pays, reconnaître et poursuivre; dans les batailles, au contraire, elle ne peut produire un grand effet, qu'en donnant tout à coup, en masse, sur les points affaiblis et battus en brèche, des lignes ennemies. Presque tous les peuples de l'Europe ont senti que des rôles aussi différents exigeaient deux espèces de cavalerie; c'est ce qui les a engagés à distinguer la cavalerie légère de la cavalerie de ligne, qu'on nomme ordinairement grosse cavalerie......

(Page 247.)

« L'usage des Romains était de placer la cavalerie sur les flancs de l'infanterie, afin de la protéger et de la couvrir : c'est aussi celui des modernes, lorsque les ailes ne s'appuient pas à des obstacles de terrain; mais la cavalerie légionnaire suffit pour jouer ce rôle de *flanqueurs*, et l'on doit tenir toute la cavalerie de ligne en réserve, derrière le centre ou les ailes......

(Page 313.)

« Le mélange de voltigeurs avec la cavalerie légère est admirable, pour le succès de ces petits combats d'avant-garde......

(Page 314.)

« Sous le règne de Louis XIV, les avant-gardes françaises étaient composées en partie de dragons, espèce de troupes légères mixtes qui combattaient quelquefois à cheval, plus souvent à pied....... Cette arme qui, de nos jours, n'existe plus que de nom, rendait de grands services aux avant-gardes; cependant il est facile d'apercevoir que nous pouvons remplacer les dragons, à moins de frais, par le mélange proposé de nos cavaliers légionnaires et de nos voltigeurs. Nos fantassins légers, portés en croupe, voyagent avec la même vitesse que les dragons, et ils n'ont pas, comme eux, l'inconvénient de distraire du combat une partie des soldats, pour tenir les chevaux; enfin, ils se battent d'autant mieux à pied, qu'on n'exige jamais d'eux un autre genre de combat : quant à l'économie, elle est sensible.

(Page 154.)

« Le sabre de nos cavaliers légionnaires sera droit comme celui des dragons, afin de les engager à frapper d'estoc plutôt que de taille : ils porteront une lance de dix ou douze pieds, dont la courroie sera passée au bras gauche, et ils auront une carabine fort courte, suspendue à l'arçon de leur selle.

(Page 115.)

« C'est une chose ridicule que l'éducation de nos dra-

Mélanges.—Tome I.

gons : sont-ils à cheval, on tâche de leur persuader que l'infanterie ne peut jamais résister à l'impétuosité de leurs charges ; sont-ils à pied, on leur dit qu'ils sont invincibles contre la cavalerie : c'est ainsi qu'on leur inspire, tour à tour, du mépris pour les deux armes.

(Page 218.)

« Je composerai mon corps d'armée de quatre légions, plus une réserve de trois mille chevaux de ligne, ce qui ferait, au complet, plus de trente-six mille, classés de la manière suivante : vingt-deux mille huit cents fantassins de ligne, sept mille six cents fantassins légers, trois mille chevaux légionnaires, trois mille chevaux de ligne, sans compter les artilleurs et les sapeurs. — Après avoir fait la part des convalescences, des maladies et des absences, qu'on peut estimer à un cinquième, il restera trente mille combattants. — On voit que la cavalerie forme un sixième de l'armée......

(Page 230.)

« Quant à la cavalerie de ligne, il paraît préférable de n'en former qu'un seul corps à chaque corps d'armée, puisqu'elle ne peut obtenir de grands résultats qu'en combattant réunie : elle sera placée en réserve, dans les batailles, sous les ordres immédiats du général en chef, prête à donner au moment opportun ; ...... mais si nous voulions la faire charger, dès le commencement de la bataille, sur de l'infanterie intacte et aguerrie, elle serait infailliblement ramenée sur le reste de l'armée, où elle communiquerait son désordre......

(Page 310.)

« Nous formons notre avant-garde de cavaliers légionnaires, des quatre légions du corps d'armée, avec un nombre égal de voltigeurs, qu'on obtient en prenant quatre compagnies par légion. Ce corps léger, composé de trois mille chevaux, de trois mille voltigeurs, de cinq pièces d'artillerie légère, précède, d'une ou deux lieues, la tête de la colonne, en portant des postes en avant et sur les côtés, et en laissant des postes d'observation sur les chemins et sur les principales hauteurs, à droite et à gauche de la route; postes qui ne rejoignent l'avant-garde, que lorsqu'ils sont remplacés par les flanqueurs de la colonne...... »

1° L'administration des corps de cavalerie légère doit-elle dépendre de celle des corps d'infanterie? 2° La cavalerie légère doit-elle être instruite à la tactique, comme la cavalerie de ligne? ou doit-elle servir en fourrageur, comme l'insurrection hongroise, les mamelucks, les cosaques? 3° Doit-elle être employée aux avant-gardes, aux arrière-gardes, sur les ailes d'une armée, sans être soutenue par la cavalerie de ligne? 4° Doit-on supprimer les dragons? 5° La grosse cavalerie doit-elle être toute mise en réserve? 6° Combien faut-il de cavalerie différente dans une armée, et en quelle proportion?

La cavalerie légère doit éclairer l'armée fort au loin; elle n'appartient donc point à l'infanterie: elle doit être soutenue, protégée, spécialement par la cavalerie de ligne. De tout temps, il y eut rivalité et émulation entre l'infanterie et la cavalerie : la cavalerie légère est nécessaire à l'avant-garde, à l'arrière-garde, sur les ailes de l'armée ; elle ne peut donc pas être attachée à un corps particulier d'infanterie pour en suivre les mouvements. Il serait plus naturel de réunir son administration à celle de la cavalerie de ligne, que de la faire dépendre de celle de l'infanterie, avec laquelle elle n'a aucune connexion ; mais elle doit avoir son administration séparée.

La cavalerie a besoin de plus d'officiers que l'infanterie ; elle doit être plus instruite. Ce n'est pas seulement sa vélocité qui assure son succès ; c'est l'ordre, l'ensemble, le bon emploi de ses réserves. Si la cavalerie légère doit former les avant-gardes, il faut donc qu'elle soit organisée en escadrons, en brigades, en divisions, pour qu'elle puisse manœuvrer ; car les avant-gardes, les arrière-gardes, ne font pas autre chose : elles poursuivent ou se retirent en échiquier, se forment en plusieurs lignes, ou se plient en colonne, opèrent un changement de front avec rapidité, pour déborder toute une aile. C'est par la combinaison de toutes ces évolutions qu'une avant-garde ou une arrière-garde, inférieure en nombre, évite les actions trop vives, un engagement général, et cependant retarde l'ennemi assez long-temps, pour donner le temps à l'armée d'arriver, à l'infanterie de se déployer, au général en chef de faire ses dispositions, aux bagages, aux parcs, de filer. L'art d'un général d'avant-garde, ou d'arrière-garde, est, sans se compromettre, de contenir l'ennemi, de le retarder, de l'obliger à mettre trois ou quatre heures à faire une lieue : la tactique seule donne les moyens d'arriver à ces grands résultats ; elle est plus nécessaire à la cavalerie qu'à l'infanterie, à l'avant-garde ou à l'arrière-garde, que dans toute autre position. L'insurrection hongroise, que nous avons vue, en 1797, 1805 et 1809, était pitoyable. Si les troupes légères du temps de Marie-Thérèse se sont rendues redoutables, c'était par leur bonne organisation, et surtout par leur grand nombre. Supposer que de pareilles troupes fussent supérieures aux hussards de Wurmser, aux dragons de Latour ou de l'archiduc Jean, c'est se former d'étranges idées des choses : mais ni l'insurrection hongroise, ni les cosaques n'ont jamais formé les avant-gardes des armées autrichiennes et russes ; parce que, qui dit avant-garde ou arrière-garde, dit troupes qui manœuvrent. Les Russes estimaient autant un régiment de cosaques instruits que trois régiments de cosaques non instruits. Tout est méprisable dans ces troupes, si ce n'est le cosaque lui-même qui est un bel homme, fort, adroit, fin, bon cavalier, infatigable ; il est né à cheval et nourri dans les guerres civiles, il est, dans la plaine, ce qu'est le bédouin dans le désert, le barbet dans les Alpes ; il n'entre jamais dans une maison, ne couche jamais dans un lit, change toujours son bivouac au coucher du soleil, pour ne pas passer la nuit dans un lieu où l'ennemi aurait pu l'observer. Deux mamelucks tenaient tête à trois Français, parce qu'ils étaient mieux armés, mieux montés, mieux exercés, ils avaient deux paires de pistolets, un tromblon, une carabine, un casque avec visière, une cotte de mailles, plusieurs chevaux et plusieurs hommes de pied pour les servir. Mais cent cavaliers français ne craignaient pas cent mamelucks, trois cents étaient vainqueurs d'un pareil nombre ; 1,000 en battaient 1,500 : tant est grande l'influence de la tactique, de l'ordre et des évolutions ! Les généraux de cavalerie, Murat, Leclerc, Lasalle, se présentaient aux mamelucks sur plusieurs lignes : lorsque ceux-ci étaient sur le point de déborder la première, la seconde se portait à son secours par la droite et par la gauche ; les mamelucks s'arrêtaient alors et convergeaient pour tourner les ailes de cette nouvelle ligne : c'était le moment qu'on saisissait pour les charger, ils étaient toujours rompus.

Le devoir d'une avant-garde, ou d'une arrière-garde, ne consiste pas à s'avancer ou à reculer, mais à manœuvrer. Il faut qu'elle soit composée d'une bonne cavalerie légère, soutenue par une bonne réserve de cavalerie de ligne, et d'excellents bataillons d'infanterie et de bonnes batteries d'artillerie : il faut que ces troupes soient bien instruites; que les généraux, les officiers et les soldats connaissent également bien leur tactique, chacun selon le besoin de son grade. Une troupe qui ne serait pas instruite, ne serait qu'un objet d'embarras à l'avant-garde.

Il est reconnu que, pour la facilité des manœuvres, l'escadron doit être d'une centaine d'hommes, et que trois ou quatre escadrons doivent avoir un officier supérieur.

Toute la cavalerie de ligne ne doit pas être cuirassée : les dragons montés sur des chevaux de quatre pieds neuf pouces, armés d'un sabre droit, sans cuirasse, doivent faire partie de la grosse cavalerie; ils doivent être armés d'un fusil d'infanterie avec baïonnette, avoir le schako de l'infanterie, le pantalon recouvrant la demi-botte-brodequin, des manteaux à manches, et des porte-manteaux si petits, qu'ils puissent les porter en sautoir quand ils sont à pied. Toute cavalerie doit être munie d'une arme à feu, et savoir manœuvrer à pied. 3,000 hommes de cavalerie légère, ou 3,000 cuirassiers, ne doivent point se laisser arrêter par 1,000 hommes d'infanterie, postés dans un bois, ou dans un terrain impraticable à la cavalerie; 3,000 dragons ne doivent point hésiter à attaquer deux mille hommes d'infanterie, qui, favorisés par leur position, les voudraient arrêter.

Turenne, le prince Eugène de Savoie, Vendôme, faisaient grand cas et grand usage des dragons. Cette arme s'est couverte de gloire en Italie, en 1796 et 1797. En Égypte, en Espagne, dans les campagnes de 1806 et 1807, un préjugé s'est élevé contre elle. Les divisions de dragons avaient été réunies à Compiègne et à Amiens, pour être embarquées sans chevaux pour l'expédition d'Angleterre, et y servir à pied, jusqu'à ce que l'on pût les monter dans le pays. Le général Baraguay-d'Hilliers, leur premier inspecteur, les commandait; il leur fit faire des guêtres, et incorpora une grande quantité de recrues, qu'il ne fit exercer qu'aux manœuvres de l'infanterie; ce n'était plus des régiments de cavalerie : ils firent la campagne de 1806 à pied, jusque après la bataille d'Iéna, qu'on les monta sur des chevaux de prise de la cavalerie prussienne, les trois quarts hors de service. Ces circonstances réunies leur nuisirent; mais, en 1813 et 1814, les divisions de dragons rivalisèrent avec avantage avec les cuirassiers. Les dragons sont nécessaires, pour appuyer la cavalerie légère à l'avant-garde, à l'arrière-garde, et sur les ailes d'une armée; les cuirassiers sont peu propres aux avant-gardes et aux arrière-gardes : il ne faut les employer à ce service que lorsque cela est nécessaire pour les tenir en haleine et les aguerrir. Une division de 2,000 dragons, qui se porte rapidement sur un point avec 1,500 chevaux de cavalerie légère, peut mettre pied à terre pour y défendre un pont, la tête d'un défilé, une hauteur, et attendre l'arrivée de l'infanterie. De quel avantage cette arme n'est-elle pas dans une retraite? La cavalerie d'une armée doit être le quart de l'infanterie, elle doit se diviser en quatre espèces : deux de cavalerie légère, deux de grosse cavalerie, savoir; les éclaireurs, composés d'hommes de cinq pieds, ayant des chevaux de quatre pieds six pouces; la cavalerie légère, des chevaux de quatre pieds sept à huit pouces; les dragons, des chevaux de quatre pieds neuf pouces; les cuirassiers, des chevaux de quatre pieds dix à onze pouces : ce qui emploiera, pour la remonte, toutes les espèces de chevaux.

Les éclaireurs seront attachés à l'infanterie, parce que la petitesse de leurs chevaux les rendra peu propres aux charges de cavalerie. En attachant un escadron de 360 hommes à chaque division de 9,000 hommes, ils seraient le vingt-cinquième de l'infanterie; ils fourniraient les ordonnances aux généraux, des escortes aux convois; des garnisaires, des brigades de sous-officiers, aideraient la gendarmerie dans l'escorte des prisonniers et la police. Il resterait encore de quoi former plusieurs divisions, pour éclairer la légion, et occuper une position importante où il serait avantageux de prévenir l'ennemi. Rangés en bataille derrière l'infanterie, constamment sous les ordres des généraux d'infanterie, ils saisiraient le moment favorable où l'ennemi serait rompu, pour tomber avec leurs lances sur les fuyards et faire des prisonniers. La petitesse de leurs chevaux ne tenterait point les généraux de cavalerie.

Au moment d'entrer en campagne, chaque régiment d'infanterie fournirait une compagnie de 120 éclaireurs, toute organisée pour être incorporée dans les régiments de grosse cavalerie, à raison d'un dixième pour les cuirassiers, d'un cinquième pour les dragons. Ainsi, par exemple, 360 cuirassiers auraient 36 éclaireurs; pareil nombre de dragons en aurait 72 : ils seraient employés à fournir les ordonnances aux généraux, les escortes aux bagages, aux prisonniers; ils feraient le service de tirailleurs, ils battraient la campagne, ils tiendraient les chevaux des dragons, quand ceux-ci combattraient à pied.

Une armée, composée de 36,000 hommes d'infanterie, aura 9,000 hommes de cavalerie, savoir : 2,070 éclaireurs, dont 1,440 avec les quatre divisions d'infanterie; 420 avec les dragons, 210 avec les cuirassiers; 2,700 chasseurs ou hussards; 2,100 dragons; 2,100 cuirassiers; ce qui formera 4,800 hommes de cavalerie légère, et 4,200, grosse cavalerie.

IVe NOTE.

Artillerie.

(Page 117.)

« Mais il est nécessaire de donner de l'artillerie à chaque légion; et ne pourrait-on pas rejeter toutes les pièces à la queue d'une armée, pour éviter d'interrompre et de gêner la marche des troupes? Je crois qu'on ne peut le faire qu'en partie : les légions doivent avoir quelques bouches à feu, pour se battre isolément, ou pour commencer et entretenir le combat, et attendre que les réserves d'artillerie arrivent sur le champ de bataille. Tout le reste de l'artillerie pourra marcher en réserve, à la suite de l'armée, pour ne pas embarrasser et retarder les mouvements des troupes......

(Page 118.)

...... « Cinq bouches à feu, par légion, me paraissent suffisantes pour le rôle qu'elles ont à jouer jusqu'à l'arrivée des batteries de réserve......

(Page 119.)

...... « Une demi-compagnie d'artillerie sera affectée au service de la batterie légionnaire.

(Page 236.)

« Un principe certain, c'est que la quantité d'artillerie doit être subordonnée à la qualité des troupes. A-t-on de la mauvaise infanterie qui hésite à marcher à l'ennemi, et craigne de l'aborder : on se voit contraint de placer toute sa confiance dans l'artillerie, et de faire la guerre à coups de canon. Cette arme devient décisive pour le gain des batailles, et l'infanterie se ravale jusqu'à n'être plus qu'une armée secondaire, sans autres fonctions que d'escorter le canon dans les marches, et de le garder sur le champ de bataille. De deux mauvaises armées qui se livrent bataille, c'est celle qui parvient à mettre le plus de pièces en batterie, qui remporte la victoire : mais, dans ce même cas, il est une proportion qu'on ne doit pas dépasser, parce que, au delà d'un certain terme, les autres armes ne suffisent plus pour garder les pièces. Je crois que le maximum de l'artillerie, qu'il est permis d'employer dans les armées, quelque mauvaises qu'elles soient, a été atteint dans la guerre de Sept Ans et dans notre campagne de 1813, en Saxe, où nous cherchâmes à suppléer, à force de canons, aux qualités qui manquaient à notre jeune infanterie......

(Page 234.)

« ...... Je voudrais que, outre ces batteries légionnaires, un corps d'armée traînât à sa suite un parc de réserve, de trente-cinq pièces, dont quinze obusiers et vingt canons de 12. On ne formerait un jour de bataille, de toute cette réserve, qu'une seule batterie dirigée sur le point de la ligne ennemie qu'on se propose de forcer...... »

(Page 235.)

« Enfin cinq pièces légères sont destinées à marcher avec l'avant-garde; elles seront plus légères de calibre, mieux attelées que les autres, et seront suivies par des canonniers à cheval, dont les chevaux porteront un poitrail avec des traits, afin de pouvoir s'atteler aux pièces dans l'occasion. Cette artillerie légère, ainsi organisée, passera partout, et se portera rapidement à la poursuite de l'ennemi. — Nous aurons, de cette manière, soixante bouches à feu pour un corps d'armée de 30,000 hommes : c'est, je crois, ce qu'exigent les terrains découverts, les plus favorables à l'artillerie, en supposant une bonne infanterie.... »

Si ces principes étaient adoptés, il s'ensuivrait : 1° que la division d'artillerie serait composée de deux obusiers et de trois pièces de 6 ; 2° que l'équipage d'artillerie d'une armée de 40,000 hommes, serait de soixante bouches à feu, (une pièce et demie par 1,000 hommes); 3° que les équipages seraient ainsi composés : de trois douzièmes pièces de 6, quatre douzièmes pièces de 12, cinq douzièmes obusiers, c'est-à-dire quinze pièces de 6, vingt de 12, et vingt-cinq obusiers sur 60 bouches à feu.

La division d'artillerie a été fixée par le général Gribeauval, à huit bouches à feu, d'un même calibre de 4, de 8, de 12, ou obusiers de six pouces; parce qu'il faut : 1° qu'une division d'artillerie puisse se diviser en deux ou quatre batteries; 2° parce que huit bouches à feu peuvent être servies par une compagnie de 120 hommes, ayant en réserve une escouade au parc; 3° parce que les voitures nécessaires au service de ces huit bouches à feu, peuvent être attelées par une compagnie d'équipage du train; 4° parce qu'un bon capitaine peut surveiller ce nombre de pièces; 5° parce que le nombre de voitures qui composent une batterie de huit bouches à feu, fournit suffisamment d'ouvrage à une forge et à une prolonge, et que deux affûts de rechange lui suffisent. Si la division était composée de moins de bouches à feu, il faudrait d'autant plus de forges, de prolonges, d'affûts de rechange.

Napoléon a supprimé les pièces de 4 et de 8; il y a substitué la pièce de 6 : l'expérience lui avait démontré que les généraux d'infanterie faisaient usage indistinctement de pièces de 4 ou de 8, sans avoir égard à l'effet qu'ils voulaient produire. Il a supprimé l'obusier de six pouces; il y a substitué l'obusier de cinq pouces six lignes, parce que deux cartouches du premier calibre pèsent autant que trois cartouches du deuxième calibre; que d'ailleurs l'obusier de cinq pouces six lignes se trouve avoir le même calibre que les pièces de 24, qui sont si communes dans nos équipages de siège et dans nos places fortes: il a formé ses divisions d'artillerie à pied, de deux obusiers de cinq pouces six lignes, et de six pièces de 6, ou de deux obusiers de cinq pouces six lignes, à grande portée, et de six pièces de 12; celle d'artillerie à cheval, de quatre pièces de 6 et de deux obusiers : mais il serait préférable qu'elles eussent la même composition que les premières, c'est-à-dire deux obusiers de cinq pouces six lignes, et six pièces de 6; ses équipages étaient formés, savoir : douze vingtièmes en pièces de 6, trois vingtièmes en pièces de 12, cinq vingtièmes en obusiers.

Ces changements modifiaient le système de M. de Gribeauval; ils étaient faits dans son esprit, il ne les eût pas désavoués : il a beaucoup réformé, il a beaucoup simplifié; l'artillerie est encore trop lourde, trop compliquée; il faut encore simplifier, uniformer, réduire jusqu'à ce que l'on soit arrivé au plus simple.

Une cartouche de douze pèse autant que deux cartouches de six ; vaut-il donc mieux avoir une pièce de 12 que deux pièces de 6 ? S'il est des circonstances où une pièce de 12 est préférable, dans les circonstances ordinaires, deux pièces de 6 valent mieux. Vaut-il mieux avoir un obusier ou deux pièces de 6 ? L'obusier est fort utile pour mettre le feu à un village, bombarder une redoute ; mais son tir est incertain : non-seulement il ne vaut pas, dans les cas ordinaires, deux pièces de 6, mais il ne peut pas tenir lieu d'une seule ; il n'en faut donc qu'un nombre circonscrit. Napoléon est celui qui en a mis davantage dans ses équipages ; mais proposer de composer les équipages de cinq douzièmes en obusiers, et quatre douzièmes en pièces de 12, et seulement trois douzièmes en pièces de 6, c'est ignorer les éléments de la science de l'artillerie.

Un équipage de soixante bouches à feu, formé sur les principes de Napoléon, était de trente-six pièces de 6, neuf pièces de 12, quinze obusiers ; ce qui formait sept divisions et demie, et exigeait trente-deux voitures en forges, prolonges ou affûts de rechange, faisant les divisions ; quatre-vingt-un caissons de 6 (1), et quarante et demi de 12 (2), soixante-sept et demi (3) obusiers, vingt-neuf (4) voitures de parc, 30 (5) d'infanterie, vingt (6) d'équipages de pont : en tout quatre cents voitures ou six voitures par pièce ; moyennant ce, l'approvisionnement était de trois cent-six coups par pièce, sans compter le coffret. Un équipage de soixante bouches à feu, organisé suivant les principes qu'on voudrait établir, aurait quinze pièces de 6, vingt de 12, vingt-cinq obusiers : la division étant de cinq pièces, il y en aurait douze ; ce qui exigerait quarante-huit forges, prolonges ou affûts de rechange attachés aux divisions : en tout quatre cent vingt-quatre (7) voitures, c'est-à-dire sept voi-

---

(1) A cent trente-six cartouches par caisson.

(2) Soixante-huit coups par caisson.

(3) *Idem.*

(4) Six forges, seize prolonges, six caissons d'outils, huit caissons de parc.

(5) Quatre cent quatre-vingt mille cartouches.

(6) Une voiture par trois pièces, ce qui donne un pont de cent cinquante toises, pour cent-vingt bouches à feu ; de quatre cents toises, pour une armée de 160,000 hommes.

(7) Soixante bouches à feu, quarante-huit voitures attachées aux divisions, trente-quatre caissons de 6, deux cent deux de 12, et obusiers, trente de parc, trente caissons d'infanterie, vingt pontons : total 424.

Mélanges.—Tome I. 18

tures par pièce : ce serait donc soixante-quatre voitures de plus que le premier équipage. Quel surcroît d'embarras, quel équipage pesant, quel emploi d'hommes, de chevaux et de matériel ! Ce sont les pièces de 12 qui embarrassent les marches, parce qu'elles pèsent de quinze cents à dix-huit cents livres, et vont difficilement hors des chaussées. L'équipage impérial de soixante bouches à feu a quarante-cinq pièces de canon; celui proposé n'en aurait que trente-cinq.

Mais, avec les quatre cent vingt-quatre voitures qu'il faudrait pour cet équipage, on aurait soixante-douze bouches à feu impériales, c'est-à-dire, neuf divisions, savoir : quarante-deux pièces de 6, douze pièces de 12, et dix-huit obusiers (1). La question est donc celle-ci : aime-t-on mieux avoir quinze pièces de 6, vingt de 12, et vingt-cinq obusiers, ou cinquante-deux pièces de 6, douze de 12, et quinze obusiers. Quelle fureur de parler de ce que l'on ne sait pas !

---

(1) **Soixante-douze bouches à feu**, trente-six voitures attachées aux divisions, quatre-vingt-quatorze et demi de 6, cinquante-quatre de 12, soixante-seize et demi d'obus, trente-deux de parc, trente-six d'infanterie, vingt-quatre de pontons : total, 424.

Tantôt on dit qu'à l'instar des Romains, il faut que la division soit une armée au petit pied, et cependant on lui ôte ce qui est le plus nécessaire, le plus important, l'artillerie. Quoi ! une légion de 8 ou 9,000 hommes fera l'avant-garde ou l'arrière-garde d'une armée, sera détachée avec trois pièces de canon et deux obusiers; mais si elle trouve devant elle une division russe, prussienne ou autrichienne, d'égale force, cette division aura trente pièces de canon (c'est l'organisation actuelle). Certes, l'artillerie de la légion sera promptement réduite au silence et démontée; l'infanterie sera chassée de sa position, à coups de canon; ou si elle s'y maintient, ce sera au prix d'un sang bien précieux.

M. de Gribeauval, qui avait fait la guerre de Sept-Ans dans l'armée autrichienne et avait le génie de l'artillerie, a réglé que la force des équipages serait à raison de quatre pièces par bataillon de 1,000 hommes, ou trente-six bouches à feu pour une division de 9,000 hommes, ou cent soixante pour une armée de 40,000 hommes. L'équipage impérial était de cent vingt bouches à feu pour un corps d'armée de 40,000 hommes, ou quatre divisions d'infanterie, ayant une division de cavalerie légère, une de dragons, une de cuirassiers :

de ces quinze divisions d'artillerie, deux étaient attachées à chaque division d'infanterie, trois étaient en réserve, et quatre à cheval : une à la division de cavalerie légère, une à la division de dragons, deux à celle de cuirassiers ; c'étaient soixante-douze pièces de 6, dix-huit de 12, et trente obusiers, près de six cents voitures, compris les pièces, les doubles approvisionnements et les caissons d'infanterie.

Il faut, pour le service d'une pièce de canon de l'équipage impérial, l'un portant l'autre, 30 chevaux et 35 hommes ; il faudrait, l'un portant l'autre, pour une pièce de canon de l'équipage proposé, 40 hommes et 35 chevaux (1). Une division de huit pièces d'artille-

---

(1) Une bouche à feu de l'équipage impérial a besoin de trois voitures et trois trentièmes par pièce, pour l'approvisionner à 300 coups, sans compter son coffret; d'une voiture pour parc, forge, prolonge, affût de rechange, caisson de parc, dix vingtièmes de caisson d'infanterie, sept vingtièmes de voiture, de pontons, 6 voitures. Pour cent vingt pièces, sept cent vingt voitures : ce qui donnerait, pour une armée de 160,000 hommes, quatre cent quatre-vingts bouches à feu, deux mille huit cent quatre-vingts voitures, dont cent soixante de pontons, de quoi faire quatre cent quatre-vingts toises de pont, sur les grandes rivières ; ce qui exigerait seize mille huit cents chevaux, et 20,000 hommes.

rie exige 272 hommes et 240 chevaux, ce qui est la valeur de deux bons escadrons.

Les hommes qui se sont fait une idée de la guerre moderne, en commentant les anciens, diront qu'il vaut mieux avoir 3,600 chevaux ou 4,000 fantassins de plus, dans une armée de 40,000 hommes, que cent vingt pièces de canon; ou n'avoir que soixante bouches à feu, et avoir 1,500 chevaux et 2,000 fantassins de plus : ils auront tort. Il faut dans une armée, de l'infanterie, de la cavalerie, de l'artillerie, dans de justes proportions; ces armes ne peuvent point se suppléer l'une à l'autre. Nous avons vu des occasions où l'ennemi aurait gagné la bataille : il occupait avec une batterie de cinquante à soixante bouches à feu, une belle position; on l'aurait en vain attaqué avec 4,000 chevaux et 8,000 hommes d'infanterie de plus; il fallut une batterie d'égale force, sous la protection de laquelle les colonnes d'attaque s'avancèrent et se déployèrent. Les proportions des trois armes ont été, de tout temps, l'objet des méditations des grands généraux.

Ils sont convenus qu'il fallait : 1° quatre pièces par 1,000 hommes, ce qui donne en hommes le huitième de l'armée, pour le personnel de l'artillerie; 2° une cavalerie égale au quart de l'infanterie.

Prétendre courir sur les pièces, les enlever à l'arme blanche, ou faire tuer des canonniers par des tirailleurs, sont des idées chimériques : cela peut arriver quelquefois; et n'avons-nous des exemples de plus fortes prises d'un coup de main! Mais, en systême général, il n'est pas d'infanterie, si brave qu'elle soit, qui puisse, sans artillerie, marcher impunément, pendant cinq ou six cents toises, contre seize pièces de canon bien placées, servies par de bons canonniers : avant d'être arrivés aux deux tiers du chemin, ces hommes seront tués, blessés, dispersés. L'artillerie de campagne a acquis trop de justesse dans le tir, pour qu'on puisse approuver ce que dit Machiavel qui, plein des idées grecques et romaines, veut que son artillerie ne fasse qu'une décharge, et qu'après elle se retire derrière sa ligne.

Une bonne infanterie est sans doute le nerf de l'armée; mais si elle avait long-temps à combattre contre une artillerie très-supérieure, elle se démoraliserait et serait détruite. Dans les premières campagnes de la guerre de la révolution, ce que la France a toujours eu de meilleur, c'est l'artillerie : je ne sache pas un seul exemple de cette guerre où vingt pièces de canon, convenablement postées et en batterie, aient jamais été enlevées à la baïonnette. A l'affaire de Valmy, à la bataille de Jemmapes, à celle de Nordlingen, à celle de Fleurus, nous avions une artillerie supérieure à celle de l'ennemi, quoique souvent nous n'eussions que deux pièces pour 1,000 hommes; mais c'est que nos armées étaient très-nombreuses. Il se peut qu'un général plus manœuvrier, plus habile que son adversaire, ayant dans sa main une meilleure infanterie, obtienne des succès pendant une partie de la campagne, quoique son parc d'artillerie soit fort inférieur; mais au jour décisif d'une action générale, il sentira cruellement son infériorité en artillerie.

Quatre-vingts voitures d'équipages militaires, pour une armée de 40,000 hommes, sont fort insuffisantes : elles ne porteraient que mille cinq cent vingt quintaux, la farine et l'eau-de-vie, pour deux jours. L'expérience a prouvé qu'il faut qu'une armée ait avec elle un mois de vivres, dix jours portés par les hommes et les chevaux de bât, vingt jours sur les caissons; il faudrait donc au moins quatre cent quatre-vingts voitures : deux cent quarante régulièrement organisées, deux cent quarante de réquisition. A cet effet, on aura un bataillon de trois compagnies d'équipages militaires par division : chaque compagnie ayant ses cadres pour quarante voitures, dont vingt seraient fournies et attelées par l'administration, et vingt par voie de réquisition ; ce qui donne par division cent vingt voitures, quatre cent quatre-vingts par corps d'armée, 210 hommes par bataillon.

Ve NOTE.

Ordre de bataille.

(Page 201.)

« Voici donc l'ordre de bataille de la légion, tel que nous devons nous le représenter d'après les principes que nous venons de développer, en faisant toujours abstraction des formes et des accidents variés du terrain, dont nous nous occuperons plus tard. — D'abord, en première ligne, les cinq premières cohortes de la légion, rangées en bataille de droite à gauche, par ordre de numéro, en commençant par la cohorte d'élite, l'exemple et la règle de la légion entière. Les cohortes de cinquante-cinq toises de front chacune, sont séparées entre elles par des passages de cinq toises ; ce qui donne trois cents toises pour l'étendue totale de la ligne.

« Ensuite, à cent cinquante toises en arrière de la première ligne, se trouvent les cinq dernières cohortes, formées chacune en colonne, par division, espacées entre elles à distance de déploiement : ces petites colonnes de quatorze toises de large sur quarante-sept files, et de quatorze toises de long, en quatre sections, laissent entre elles des espaces vides de quarante-six toises. Les voltigeurs de la première ligne sont, en partie, dispersés en avant du front de bataille, et en partie pelotonnés derrière leurs cohortes, près des intervalles qui les séparent : ceux de la deuxième ligne sont pelotonnés par demi-compagnie, sur les flancs de leurs colonnes. — La cavalerie se tient en réserve sur les flancs, à hauteur de la seconde ligne, et l'artillerie légionnaire forme une seule batterie à cinquante toises en avant d'une des ailes....... »

Une armée romaine se campait et se rangeait en bataille, toujours dans le même ordre ; elle se renfermait dans un carré de trois à quatre cents toises de côté ; elle passait quelques heures à s'y fortifier : alors elle s'y croyait inattaquable. S'agissait-il de donner bataille, elle se rangeait sur trois lignes éloignées de cinquante toises entre elles ; la cavalerie sur les ailes. L'officier de l'état-major, chargé de tracer un camp, ou de ranger une armée en bataille, ne faisait qu'une opération mécanique ; il n'avait besoin ni de coup-d'œil, ni de génie, ni d'expérience. Chez les modernes, au contraire, l'art d'occuper une position, pour y camper ou pour s'y battre, est soumis à tant de considérations, qu'il exige de l'expérience, du coup-d'œil, du génie. C'est l'affaire du général en chef lui-même, parce qu'il y a plusieurs manières d'avoir un camp, ou de prendre un ordre de bataille, dans une même position.

Sempronius fut battu à la Trebbia, et Varron à Cannes, quoiqu'ils commandassent à des armées plus nombreuses que celle de l'ennemi; parce que, conformément à l'usage établi parmi les Romains, ils rangèrent leur armée en bataille, sur trois lignes, tandis qu'Annibal rangea la sienne en une seule ligne. La cavalerie carthaginoise était supérieure en nombre et en qualité. Les armées romaines furent à la fois attaquées de front, prises en flanc et à dos; elles furent défaites. Si les deux consuls romains eussent pris l'ordre de bataille le plus convenable aux circonstances, ils n'eussent point été débordés : ils eussent peut-être été vainqueurs !

Une armée doit-elle occuper un seul camp, ou doit-elle en occuper autant qu'elle a de corps ou de divisions ? A quelle distance doivent camper l'avant-garde et les flanqueurs ? Quel front et quelle profondeur doit avoir le camp ? Où doit-on placer la cavalerie, l'artillerie, et les chariots ? L'armée doit-elle se ranger en bataille, sur plusieurs lignes, et quelle distance doivent-elles mettre entre elles ? La cavalerie doit-elle être en réserve derrière l'infanterie, ou placée sur les ailes ? Doit-on mettre en action, dès le commencement de la bataille, toute son artillerie, puisque chaque pièce a de quoi nourrir son feu pendant vingt-quatre heures, ou doit-on en tenir la moitié en réserve? La solution de toutes ces questions dépend des circonstances : 1° du nombre de troupes, de celui de l'infanterie, de l'artillerie et de la cavalerie qui composent l'armée; 2° du rapport qui existe entre les deux armées; 3° de leur moral; 4° du but qu'on se propose; 5° de la nature du champ de bataille; 6° de la position qu'occupe l'armée ennemie, et du caractère du chef qui la commande. On ne peut et on ne doit prescrire rien d'absolu. — Il n'y a point d'ordre naturel de bataille, chez les modernes.

La tâche qu'a à remplir le commandant d'une armée, est plus difficile dans les armées modernes, qu'elle ne l'était dans les armées anciennes : il est vrai aussi que son influence est plus efficace sur le résultat des batailles. Dans les armées anciennes, le général en chef, à quatre-vingts ou cent toises de l'ennemi, ne courait aucun danger, et cependant il était convenablement placé pour bien diriger tous les mouvements de son armée. Dans les armées modernes, un général en chef, placé à quatre ou cinq cents toises, se trouve au milieu du feu des batteries ennemies, il est fort exposé ; et cependant il est déja tellement éloigné, que plusieurs mouvements de l'ennemi lui échappent. Il n'est pas d'actions où il ne soit obligé de s'approcher à la portée des petites armes. Les armes modernes ont d'autant plus d'effet qu'elles sont convenablement placées; une batterie de canon qui prolonge, domine, bat l'ennemi en écharpe, peut décider d'une victoire. Les champs de bataille modernes sont plus étendus, ce qui oblige à étudier un plus grand champ de bataille : il faut beaucoup plus d'expérience et de génie militaire, pour diriger une armée moderne, qu'il n'en fallait pour diriger une armée ancienne.

VIe NOTE.

De la guerre défensive.

(Page 479.)

« Mais, lorsqu'on veut fermer les frontières d'un empire, presque uniquement par des lignes de forteresse, sans le concours des armées, l'opinion se partage sur l'efficacité de ce moyen...... Imaginons, pour fixer nos idées, une frontière, en pays ouvert, de cent lieues d'étendue, qu'on entreprend de couvrir par des places fortes, contre les entreprises des ennemis. Le système actuel veut qu'on établisse trois lignes successives de forteresses, espacées entre elles d'une journée de marche, ou de cinq ou six lieues : ainsi la défense totale de la frontière exige cinquante ou soixante places fortes. Supposons-en cinquante seulement, pour avoir au plus bas, et estimons la dépense de leur construction à quinze millions, l'une dans l'autre, y compris les abris voûtés indispensables, nous verrons que l'état se trouvera obligé de faire une dépense de sept cent cinquante millions pour une seule frontière...... Mais ce labyrinthe de places contraindra-t-il les armées envahissantes à s'arrêter pour se livrer aux longueurs interminables d'une guerre de siège, ou bien les obligera-t-il à laisser en arrière des forces supérieures à celles des garnisons ? Le raisonnement, éclairé par l'expérience, prouve que non. — Nos cinquante places à 6,000 hommes de garnison, l'une dans l'autre, absorberaient 300,000 hommes pour la défense ; ce qui est, à peu près, le nombre de troupes que les grands états de l'Europe tiennent ordinairement sur pied ; en sorte qu'on n'aurait plus d'armée à opposer aux armées envahissantes, et les autres frontières se trouveraient absolument dégarnies. Mais la raison et l'usage réclament également contre cette disposition de forces, et l'on se borne à laisser un tiers de garnison seulement, dans ce grand nombre de places qui, d'après leur situation reculée, ou leur éloignement des dépôts et des corps d'armée de l'ennemi, ne paraissent pas menacées d'un siège prochain, et qu'il suffit, par conséquent, de mettre à l'abri d'un coup de main. — On propose même quelquefois, pour économiser les troupes de ligne, d'abandonner la garde de ces places aux habitants; mais cet abandon me paraît fort dangereux......

(Page 482.)

« ...... Nous ne pouvons donc pas nous dispenser de consacrer au moins 100,000 hommes, pour garder cinquante forteresses ; et nous aurons ainsi 100,000 hommes de moins pour livrer des batailles qui, en dernier résultat, décident du sort des empires. — Supposons, dans cet état de choses, que l'ennemi s'avance sur plusieurs colonnes, pour attaquer notre frontière défendue par une triple barrière de forteresses : toutes les grandes routes qui mènent dans l'intérieur sont sans doute fermées par des places ; alors ces colonnes, sans s'amuser à en faire le siège, quittent la route, suivent des chemins de traverse, pour tourner ces forteresses, en passant hors de portée de leurs canons, et pénètrent ainsi entre les places fortes, sans autre difficulté que d'être réduites à suivre des chemins étroits, l'espace d'une ou deux lieues, chemins qu'il est aisé de faire réparer et élargir......

(Page 434.)

« Je sais qu'on calcule avec assez de raison qu'il faut des forces triples pour bloquer une garnison : ainsi, si l'ennemi croyait devoir bloquer les places qu'il laisse en arrière, il consommerait beaucoup plus de troupes que les défenseurs. Mais nous venons de voir qu'il lui est assez inutile de les bloquer : il lui suffit de les observer avec soin, pour qu'elles ne puissent pas lui nuire : il peut engager son armée entière au milieu de nos places, lorsqu'elles sont abandonnées à elles-mêmes, et pénétrer sans crainte au delà de notre triple ligne de forteresses, en prenant la précaution de laisser une armée d'observation en arrière. Lorsqu'il est sorti enfin de ce dédale de places, il doit s'étendre dans le pays, afin d'en tirer des ressources ; il doit y établir des dépôts, une base d'opérations, son armée de réserve, et conduire la guerre, en un mot, presque comme si nos places n'existaient pas, dès qu'elles se trouvent hors du théâtre des armées actives. Cette frontière de cent lieues, munie de cinquante forteresses, n'est point une supposition imaginaire : elle existe réellement, et nous pouvons interroger l'expérience d'une guerre fort récente, pour connaître ce que nous avons le droit d'attendre d'une triple ligne de places fortes abandonnées à elles-mêmes......

(Page 488.)

« Sur cette frontière, ouverte de cent lieues, que le système actuel surcharge de cinquante places fortes, j'en établis cinq ou six, seulement à quinze ou vingt lieues les unes des autres : elles occuperont les nœuds des principales routes, et surtout les deux rives des fleuves, quelle que soit leur direction, afin de faciliter les mouvements des armées. Il faut qu'elles soient grandes pour qu'elles puissent subvenir aux besoins de nos armées belligérantes, dont la force s'élève souvent à plus de 100,000 combattants...... Si l'on craint les surprises pour les grands dépôts, qu'on peut regarder comme les ancres de l'état, lorsque la guerre de campagne ne leur laisse que peu de troupes pour leur garde, il est aisé de les soustraire à ce danger, par l'établissement d'une citadelle qui, facile à garder avec très-peu de monde, garantisse la reprise et la possession de la ville......

(Page 490.)

« Je ne vois pas de meilleur moyen pour remplir ces conditions, que celui d'établir quatre petits forts autour de chaque, formant un immense carré dont la place occuperait le centre. Ces forts fermés en tout sens seraient établis sur les sommités les plus avantageuses des hauteurs, à environ douze à quinze cents toises des ouvrages de la place, et espacés entre eux de deux à trois mille toises. L'espace compris d'un fort à l'autre formerait un champ de bataille capable de recevoir une armée de 50 à 100 mille hommes, qu'on pourrait regarder comme inexpugnables : les forts armés de canons de gros calibre appuieraient parfaitement les ailes; quant au centre sur lequel ils auraient peu d'action, à cause de leur éloignement, on pourrait le renforcer par des ouvrages de campagne, construits au moment même du besoin, et soutenus par le canon de la place. Ainsi les quatre forts, circonscrivant chaque forteresse, formeraient tout autour un vaste camp retranché, présentant quatre forts ou quatre champs de bataille différents; de sorte que, de quelque côté que l'ennemi arrivât, nous pourrions lui faire face avec notre armée...... Une vingtaine de lieues en arrière de ces premières places fortes, j'en établis d'autres semblables, aussi espacées entre elles de quinze ou vingt lieues, et ainsi de suite jusqu'au centre du royaume...... Les principaux passages des montagnes et des forêts seront gardés par des forts ou batteries fermées, qu'il ne faut point confondre avec les places......

(Page 494.)

« ...... Quel que soit l'usage suivi dans les dernières guerres, nous nous garderons bien de nous opposer de front, avec nos 100,000 hommes, à la marche de 500,000 de l'ennemi; ce serait mettre les chances de la guerre contre nous : car si c'était pour lui livrer bataille, la supériorité du nombre fixerait sans doute la victoire de son côté; si c'était pour retarder ses progrès, en nous retirant de position en position, nous découragerions nos troupes par ces manœuvres rétrogrades, sans, pour cela, obtenir l'avantage que nous recherchons de le forcer à disséminer ses forces actives. Son armée de réserve, qui, suivant les principes établis, doit remplacer sa première armée, suffirait pour bloquer ou observer les places laissées en arrière, soumettre, contenir la population, et assurer ses communications et ses subsistances; de sorte que nous perdrions du terrain, sans obliger son armée active à s'affaiblir...... Aussitôt qu'elle s'engage entre deux de nos places frontières, nous nous hâtons de jeter 6 ou 7,000 hommes dans l'une des deux, susceptible de se voir investie ou assiégée, afin de compléter sa garnison; et nous nous retirons avec le reste de notre armée, de position en position, jusque dans le camp retranché de l'autre place. Dans cet état de choses, que peut faire l'ennemi? S'avance-t-il témérairement dans l'intérieur, en négligeant notre armée qui se trouve sur son flanc, il court à sa perte: car, dès qu'il a passé, nous nous portons sur ses derrières, et nous le privons de toutes ses communications avec ses dépôts et sa base d'opérations...... Prend-il le parti de laisser une armée égale à notre armée, pour nous observer et nous contenir dans notre camp, et de pénétrer ensuite, avec les 50,000 hommes qu'il a de plus que nous, dans l'intérieur du pays; non-seulement cette incursion, qui ne tarde pas d'être arrêtée par notre armée de réserve et par la population en armes, ne lui procure aucun avantage, aucune conquête stable et réelle, mais encore elle l'expose aux plus grands dangers......

(Page 496.)

« Convaincu de l'impossibilité de s'avancer en laissant notre armée défensive sur son flanc et sur ses derrières, il prendra sans doute le parti de marcher sur elle avec toutes ses forces. Alors retirés dans le camp retranché de l'une de nos places frontières, nous prenons notre ordre de bataille entre deux forts, sur le côté du carré faisant face à l'aggresseur. Nous pouvons nous y regarder comme inexpugnables, surtout si nous ne négligeons pas d'élever, pour soutenir notre centre, entre les deux forts qui appuient nos ailes, quelques travaux de campagne, ouvrage d'une nuit, dans le genre de ceux décrits au chapitre IX. — La place sert de réduit, de sûreté à notre camp, et elle nous offre toutes les ressources dont nous avons besoin en munitions de guerre et de bouche; mais ces ressources ne sont pas inépuisables : il s'agit de les renouveler, ce qui nous est facile par les communications que nous conservons libres avec nos places du côté opposé de l'ennemi. L'agresseur voudrait-il nous priver de ces communications, il ne peut y parvenir qu'en nous bloquant de tous côtés; mais, pour cela, il faut qu'il divise ses 150,000 hommes en quatre corps placés, un de chaque côté de l'immense carré de 12,000 toises de pourtour, formé par nos quatre forts...... Ce système des camps retranchés, établis sous le canon des places, me paraît admirable pour arrêter son invasion dès le début. — On m'objectera sans doute que, ne pouvant rien entreprendre contre notre armée défensive, il se jettera sur une place voisine, pour en faire le siège; voilà justement où je voulais l'amener : je voulais l'obliger à se livrer à une guerre de sièges, toujours si lente, si dispendieuse, si dangereuse, sous les yeux d'une armée défensive, encore intacte, et si peu fertile en grands résultats...... »

1° Les places de la frontière de Flandre ont-elles été utiles ou nuisibles? 2° Le nouveau système qu'on propose est-il plus économique? exige-t-il moins de garnison? est-il préférable à celui de Vauban et de Cormontagne? 3° Pour défendre sa capitale, une armée doit-elle la couvrir, en faisant sa retraite sur elle? ou doit-elle se placer dans un camp retranché, appuyé à une place forte? ou doit-elle manœuvrer librement, de manière à ne se laisser acculer ni à la capitale, ni à une place forte?

Le système de la défense de la frontière de Flandre a été, en grande partie, conçu par Vauban; mais cet ingénieur a été obligé d'adopter les places déja existantes : il en a construit de nouvelles pour couvrir des écluses, étendre les inondations, ou fermer les débouchés importants entre de grandes forêts ou des montagnes. Il y a sur cette frontière des places de première, deuxième, troisième et quatrième force : elles peuvent être évaluées à quatre ou cinq cent millions; construites en cent ans, cela ferait une dépense de quatre millions par an : 50,000 hommes de gardes nationales de l'intérieur suffisent pour les mettre à l'abri d'un coup de main, et au-dessus de la menace des batteries incendiaires; Lille, Valenciennes, Charlemont, peuvent donner refuge à des armées, ainsi que les camps retranchés de Maubeuge, de Cambray. Vauban a organisé des contrées entières en camps retranchés, couverts par des rivières, des inondations, des places et des forêts; mais il n'a jamais prétendu que ces forteresses seules pussent fermer la frontière : il a voulu que cette frontière, ainsi fortifiée, donnât protection à une armée inférieure contre une armée supérieure; qu'elle lui donnât un champ d'opérations plus favorable pour se maintenir et empêcher l'armée ennemie d'avancer, et des occasions de l'attaquer avec avantage; enfin les moyens de gagner du temps pour permettre à ses secours d'arriver.

Lors des revers de Louis XIV, ce système de places fortes sauva la capitale. — Le prince Eugène de Savoie perdit une campagne à prendre Lille : le siège de Landrecies offrit l'occasion à Villars de faire changer la fortune; cent ans après, en 1793, lors de la trahison de Dumouriez, les places de Flandre sauvèrent, de nouveau, Paris; les coalisés perdirent une campagne à prendre Condé, Valenciennes, le Quesnoy, et Landrecies : cette ligne de forteresses fut également utile en 1814 : les alliés, qui violèrent le territoire de la Suisse, s'engagèrent dans les défilés du Jura, pour éviter les places ; et même, en les tournant ainsi, il leur fallut, pour les bloquer, s'affaiblir d'un nombre d'hommes supérieur au total des garnisons. Lorsque Napoléon passa la Marne et manœuvra sur les derrières de l'armée ennemie, si la trahison n'avait ouvert les portes de Paris, les places de cette frontière allaient jouer un grand rôle ; l'armée de Schwartzenberg aurait été obligée de se jeter entre elles, ce qui eût donné lieu à de grands évènements. En 1815, elles eussent également été d'une grande utilité : l'armée anglo-prussienne n'eût pas osé passer la Somme, avant l'arrivée des armées austro-russes, sur la Marne, sans les évènements politiques de la capitale; et l'on peut assurer que celles des places qui restèrent fidèles, ont influencé sur les conditions des traités et sur la conduite des rois coalisés, en 1814 et 1815.

Le nouveau système que l'on propose est plus coûteux que celui de Vauban; il exige plus de garnisons, il est beaucoup plus faible. Trois lignes, chacune formée par six grandes places, exigent dix-huit grandes places, chacune entourée de quatre forts, lesquels éloignés des places, doivent avoir des abris, un bataillon de garnison, vingt-cinq pièces de canon, et demanderont un travail que l'on peut évaluer à celui de la place même. Ces trois lignes exigeraient donc la valeur de trente-six grandes places; mais ces quatre forts isolés seraient bloqués, assiégés et pris dans les sept premiers jours de l'investissement, avant même que la ligne de circonvallation ne fût terminée. Ils seraient merveilleusement placés pour la flanquer et l'appuyer; et, avant que la tranchée ne soit ouverte, la garnison de la place verrait tomber au pouvoir de l'ennemi la moitié de son matériel, l'élite de ses bataillons; ce qui, certes, ne pourrait qu'influer beaucoup sur son moral.

La position que l'armée pourrait prendre entre ces quatre forts, ne lui offrirait aucune sécurité : l'ennemi se camperait perpendiculairement à un des forts, le raserait en peu de jours, s'emparerait successivement des autres. Son équipage de campagne, en y ajoutant trente pièces de 24, lui suffirait pour cette opération. Vis-à-vis ce systême, l'ennemi pourrait percer une trouée entre deux places, à deux marches de chacune d'elles, tandis que dans celui de Vauban, la trouée ne peut avoir lieu qu'à deux ou trois lieues entre deux places. Il serait aussi beaucoup plus facile de surprendre une des places de ce nouveau systême.

Mais faut-il défendre une capitale en la couvrant directement, ou en s'enfermant dans un camp retranché sur les derrières? Le premier parti est le plus sûr : il permet de défendre le passage des rivières, les défilés; de se créer même des positions de campagne; de se renforcer de toutes ses troupes de l'intérieur, dans le temps que l'ennemi s'affaiblit insensiblement. Ce serait prendre un mauvais parti, que celui de se laisser enfermer dans un camp retranché ; on courrait risque d'y être forcé, d'y être au moins bloqué, et d'être réduit à se faire jour, l'épée à la main, pour se procurer du pain et des fourrages. Il faut quatre ou cinq cents voitures par jour, pour nourrir une armée de 100,000 hommes. L'armée envahissante étant supérieure d'un tiers en infanterie, cavalerie et artillerie, empêcherait les convois d'y arriver; et sans les bloquer hermétiquement, comme on bloque les places, elle rendrait les arrivages si difficiles, que la famine serait dans le camp.

Il reste un troisième parti, celui de manœuvrer sans se laisser acculer à la capitale que l'on veut défendre, ni renfermer dans un camp retranché sur les derrières ; il faut, pour cela, une bonne armée, de bons généraux et un bon chef. En général, l'idée de couvrir une capitale, ou un point quelconque, par des marches de flanc, comporte avec elle la nécessité d'un détachement, et les inconvénients attachés à toute dissémination devant une armée supérieure.

Après l'affaire de Smolensk, en 1812, l'armée française, marchant droit sur Moskou, le général Kutusow couvrit cette ville par des mouvements successifs, jusqu'à ce que, arrivé au camp retranché de Mojaisk, il tint ferme et accepta la bataille; l'ayant perdue, il continua sa marche, et traversa la capitale qui tomba au pouvoir du vainqueur. S'il se fût retiré dans la direction de Kiow, il eût attiré à lui l'armée française; mais il lui eût fallu alors couvrir Moskou par un détachement, et rien n'empêchait le général français de faire suivre ce détachement par un détachement supérieur qui l'eût contraint également à évacuer cette importante capitale.

De pareilles questions proposées à résoudre à Turenne, à Villars, ou à Eugène de Savoie, les auraient fort embarrassés. Dogmatiser sur ce que l'on n'a pas pratiqué, est l'apanage de l'ignorance : c'est croire résoudre par une formule du deuxième degré, un problème de géométrie transcendante qui ferait pâlir Lagrange ou Laplace. Toutes ces questions de grande tactique sont des problèmes physico-mathématiques indéterminés, qui ont plusieurs solutions, et qui ne peuvent être résolus par les formules de la géométrie élémentaire.

www.ingramcontent.com/pod-product-compliance
Lightning Source LLC
LaVergne TN
LVHW021006090426
835512LV00009B/2119